Créer une entreprise de services à la personne

Éditions d'Organisation
Groupe Eyrolles
61, bd Saint-Germain
75240 Paris cedex 05

www.editions-organisation.com
www.editions-eyrolles.com

Éditions APCE
14, rue Delambre
75682 Paris cedex 14

www.apce.com

ISBN : 978-2-212-54518-0

Agence Pour la Création d'Entreprises

Jean-Marc BRUGUIÈRE
Alfred SCARDINA

Créer une entreprise de services à la personne

Deuxième édition

EYROLLES
Éditions d'Organisation

EDITIONS APCE

CHEZ LE MÊME ÉDITEUR

Collection guide métier, la création d'entreprises décryptée de A à Z par secteur d'activité :

- *Devenez consultant !*
- *Ouvrez un gîte rural !*
- *Ouvrez un magasin !*
- *Ouvrez un restaurant !*
- *Vendez sur les marchés !*

Collection guide méthode, un éclairage sur un point précis du sujet de création (statuts, formalités…) :

- *Financer votre création d'entreprise*
- *Le guide de la micro-entreprise*
- *Quel statut pour mon entreprise ?*
- *Réalisez votre étude de marché*
- *Trouver une idée de création d'entreprise*

L'**APCE** agit depuis plus de vingt ans en faveur des créateurs en mettant à leur disposition informations et outils pour les aider efficacement dans la réalisation de leurs projets.

Nous tenons à remercier Geneviève Barrault (*Garde Sans Souci*), Colette Bory (*L'Île Bleue*) Hélène Padonou (*Oxygène 93*), et Teddy Alcide (*Exam Plus*), Jean-Paul Chauvet (*Les Compagnons des Jardins*), Christophe Monfort (*La Main Tendue*), Grégoire de Montgolfier (*Adjuvo*) et Michel Roussel (*ChronoMicro*) pour nous avoir décrit avec précision leurs différents parcours professionnels.

Les auteurs

Jean-Marc Bruguière et Alfred Scardina ont réalisé ce guide, en liaison avec l'APCE. Consultants indépendants, ils interviennent auprès de leurs clients sur des questions de stratégie de marché, de positionnement concurrentiel, d'organisation et de développement des ventes.

L'APCE, Agence Pour la Création d'Entreprises, agit depuis plus de vingt ans en faveur des créateurs, en mettant à leur disposition informations et outils pour les aider efficacement dans la réalisation de leurs projets.

Sommaire

Préface

Depuis 2005, le secteur des services à la personne s'est fortement développé tant en termes de création d'emplois, avec plus de 100 000 emplois créés chaque année, qu'en nombre de structures agréées de services à la personne, avec un passage de 5 000 à 18 000 aujourd'hui. La valeur ajoutée du secteur en 2008 s'élève à 15,4 milliards d'euros. Les chiffres parlent d'eux-mêmes, le bilan du premier Plan de Développement des services à la personne est très positif.

Les services à la personne apportent aujourd'hui une réponse concrète aux besoins croissants et quotidiens d'une population qui vieillit, aux femmes de plus en plus nombreuses à travailler et aux ménages qui cherchent à mieux concilier vie professionnelle et vie familiale.

Le deuxième Plan de Développement des services à la personne vient renforcer les mesures prises en 2005. Dans un contexte de crise économique et sociale importante, les services à la personne, secteur porteur d'emplois, dessinent en effet une sortie de crise vers une société plus solidaire et plus performante.

Pour pérenniser cette dynamique, la professionnalisation du secteur demeure un impératif.

Sur ce sujet, la mobilisation convergente des acteurs va permettre de renforcer tout à la fois la qualité du service et l'attractivité de ces métiers.

L'ouvrage « *Créer une entreprise de services à la personne* » participe à cette ambition. C'est un guide concret et opérationnel destiné à tous ceux qui envisagent de se lancer avec succès dans cette dynamique qui contribue à renforcer la croissance de notre pays, renforcer la cohésion sociale et améliorer la qualité de vie de chacun d'entre nous.

Bonne lecture.

Bruno Arbouet,
Directeur général de l'Agence nationale
des services à la personne.

Avant-propos

CHAQUE ANNÉE, plusieurs dizaines de milliers de personnes créent leur entreprise. Parmi elles, un nombre sans cesse croissant opte depuis peu pour le secteur des services à la personne (SAP), avec pour objectif de profiter d'une demande aujourd'hui soutenue et du contexte très incitatif mis en place par les pouvoirs publics.

Cependant, l'existence d'un environnement porteur n'est pas une garantie suffisante de succès. Croire qu'il suffit de s'installer pour réussir est une opinion dangereuse, qui fait abstraction des particularités de ce secteur d'activités et qui peut être source d'échec et de désillusion !

Ce livre, dédié aux SAP, a donc pour ambition de vous guider dans votre parcours de créateur : il vous aidera à donner corps à votre projet en en analysant ses multiples facettes et en vous apportant les réponses aux questions que vous vous posez. Il s'articule autour de neuf chapitres, qui sont autant d'étapes à suivre avant de vous lancer.

La première étape, de laquelle découlent toutes les suivantes, consiste à maîtriser les caractéristiques du secteur des SAP, et à identifier les domaines d'activités et les différentes opportunités de création qui s'offrent à vous (chapitre 1).

La deuxième étape doit vous permettre de déterminer, honnêtement et simplement, si vous possédez les qualités requises pour vous lancer dans ce secteur (chapitre 2). Êtes-vous prêt à vous mettre à votre compte, avec toutes les conséquences que cela implique ? Mesurez-vous les contraintes propres à ce métier ?

Une fois votre idée précisée, votre objectif sera de choisir votre domaine d'activités et de réaliser une étude de marché pour identifier et analyser vos concurrents, comprendre les critères de choix de vos clients potentiels et bien sûr estimer vos ventes futures (chapitre 3).

Votre projet commencera à prendre forme lorsque vous aurez choisi vos modalités d'installation, défini votre politique commerciale et arrêté le mode de gestion de votre personnel. Vous disposerez alors d'une première estimation du montant de votre investissement (chapitre 4).

Puis vous porterez votre attention sur le volet financier de votre démarche (chapitre 5) : comment établir vos comptes prévisionnels, estimer les fonds dont vous aurez besoin au démarrage, calculer la rentabilité future de votre entreprise, trouver d'éventuels financements extérieurs ?

Enfin, pour finaliser complètement votre projet, il vous restera à choisir un cadre juridique, social et fiscal et à porter une attention particulière à votre régime matrimonial (chapitre 6). Vous pourrez alors entreprendre les différentes démarches d'enregistrement de votre entreprise (chapitre 7).

Une fois votre entreprise créée, il vous faudra croître et vous renouveler. Le chapitre 8 précisera les règles de base à respecter pour assurer une gestion saine et responsable.

Vous trouverez enfin au chapitre 9 une liste d'ouvrages récents, ainsi que les adresses des principaux organismes, publics et privés, qui pourront vous aider à mener à bien votre projet.

Tout au long de ces neuf chapitres et en marge des pages, un pictogramme (en forme de petite cloche) retiendra votre attention en vous apportant des précisions intéressantes. Par ailleurs, à la fin de chaque chapitre, vous découvrirez les témoignages concrets d'entrepreneurs récemment établis. Lisez-les attentivement, ils vous éclaireront notamment sur les principaux domaines d'activité inclus dans les SAP.

Nous vous souhaitons une bonne lecture et espérons que vous aurez autant de plaisir à parcourir cet ouvrage que nous en avons eu à l'écrire.

1 Les services à la personne, qu'est-ce que c'est ?

FAIRE GARDER SES ENFANTS EN BAS ÂGE, surveiller le travail scolaire des plus grands après l'école, faire les courses, organiser un retour à domicile après une hospitalisation, pallier la perte d'autonomie d'un parent âgé ou malade, assurer le ménage hebdomadaire, tondre la pelouse... Les motifs de recours aux SAP ne manquent pas et les opportunités pour y entreprendre sont multiples !

Commençons par étudier l'économie des services à la personne en France aujourd'hui. Nous nous intéresserons ensuite, dans une optique de création d'entreprise, aux mécanismes mis en place par les pouvoirs publics pour organiser le secteur, puis nous conclurons par une revue rapide des autres manières d'entreprendre dans ce domaine.

L'économie générale du secteur

En 2008, les dépenses des foyers français liées aux services à la personne ont représenté près de 15,4 milliards d'euros. À la même date, plus de six millions de foyers ont déclaré recourir de façon permanente ou occasionnelle à ces services.

Véritable enjeu de société, ce secteur est appelé à connaître une forte croissance tirée par une demande importante et aujourd'hui diversifiée.

Un peu d'histoire

En dehors des salariés directs et des intervenants « au noir », ce sont les pouvoirs publics et le monde associatif qui, au lendemain de la Seconde Guerre mondiale et jusqu'en 2005, ont été les principaux acteurs du secteur :

- **Les associations de services à la personne** sont apparues dès la fin des années 1940 et ont longtemps détenu le quasi-monople des prestations d'aide aux familles. Elles adhèrent souvent à des réseaux tels que l'Union Nationale de l'Aide, des soins et des services aux domiciles (UNA), l'Union Nationale des Associations de service à Domicile en Milieu Rural (UNADMR), la Fédération Nationale d'Aide et d'Intervention à Domicile (FNAID), la Fédération Nationale de la Mutualité Française (FNMF), ADESSA, Familles Rurales, le COORACE ou la Fédération Nationale des Associations de Réinsertion Sociale (FNARS).
- **Les organismes publics**, notamment les centres communaux et intercommunaux d'action sociale (CCAS et CIAS), ont été créés par les municipalités. Ils apportent surtout leur soutien aux

publics fragilisés par l'âge, la maladie, le handicap ou les difficultés sociales.

Contrairement aux cas des associations de SAP et des organismes publics, les salariés directs interviennent dans une relation de gré à gré avec des particuliers dont ils sont les employés. Ces particuliers sont généralement affiliés à la Fédération des particuliers employeurs (FEPEM).

Conformément à leur mission, ces réseaux associatifs et ces organismes publics ont essentiellement développé leurs actions dans le domaine de l'aide sociale et caritative aux plus démunis. Malgré les résultats positifs obtenus, ces acteurs historiques ont cependant progressivement rencontré des difficultés croissantes pour répondre à une demande soutenue et surtout à des besoins de plus en plus diversifiés. À titre d'illustration, en 2005, le taux de pénétration des SAP restait en France bien en deçà de celui constaté dans les autres grands pays occidentaux.

Taux de pénétration du marché des SAP en 2005

Pays	Taux de pénétration
États-Unis	30 %
Royaume-Uni	10 %
Canada	15 %
Australie	5 %
France	3 à 5 %

Ce constat, dressé à l'époque par les pouvoirs publics, a conclu à la présence de deux freins majeurs au développement du secteur :

- Une offre très émiettée, très cloisonnée, difficilement accessible aux particuliers (souvent seize heures de recherche pour trouver par ses propres moyens une garde à domicile pour une personne

Aujourd'hui en France, plus de 300 000 foyers restent à la recherche d'une solution pour faire garder leurs enfants.

âgée) et peu crédible en termes d'image et de professionnalisme.

- Une demande fréquemment freinée par des prix élevés (en raison notamment de la fiscalité sur les activités à forte intensité de main-d'œuvre), des contraintes réglementaires multiples et des difficultés à vaincre certaines résistances psychologiques fortes dans le cas de services nouveaux (il n'est pas toujours facile de donner les clés de son appartement à un inconnu ou de lui confier son enfant).

Des besoins aujourd'hui multiples et un potentiel considérable

Plusieurs facteurs démographiques récents et l'évolution des modes de vie sont à l'origine de besoins nouveaux et de l'augmentation de la demande en services traditionnels.

Quelques chiffres aujourd'hui :
- 80 % des femmes entre 25 et 49 ans travaillent à l'extérieur de chez elles ;
- un enfant sur cinq vit dans l'une des 2,7 millions de familles monoparentales ;
- près de 3 millions de personnes âgées de plus de 65 ans habitent seules.
- 50 % des Français disposent d'un ordinateur à domicile et 16 millions de ménages entretiennent un jardin.

- Le vieillissement de la population française nécessite une prise en charge toujours plus importante des personnes âgées. La part des individus de plus de 60 ans est aujourd'hui de 10 % en France et passera à 21 % en 2015.
- La hausse du taux de natalité requiert la mise en place de solutions pour la garde des enfants.
- L'augmentation du taux d'activité professionnelle des femmes, liée à une urbanisation plus importante que par le passé, oblige les ménages à sous-traiter certaines tâches domestiques.

- Les bouleversements de la structure familiale (familles monoparentales, personnes âgées isolées, etc.) imposent souvent de se faire seconder.
- Enfin, l'aspiration des travailleurs à un meilleur équilibre entre leur vie professionnelle et leur vie privée les incite à déléguer certaines tâches jugées fastidieuses (de nos jours, seize millions de ménages ont un jardin).

Depuis plusieurs années, les besoins ne se limitent donc plus uniquement au domaine social, mais s'ouvrent de plus en plus aux services de confort et d'aide à la vie quotidienne (garde d'enfants, travaux de jardinage, soutien scolaire, petit bricolage, etc.).

Pour supprimer les freins structurels à la croissance du secteur et pour permettre à celui-ci de satisfaire pleinement la demande, les pouvoirs publics ont fait voter en 2005 un ensemble de mesures regroupées sous l'appellation « Plan de Développement des Services à la Personne » (loi n° 2005-841 du 26 juillet 2005). Les résultats obtenus sont d'ores et déjà satisfaisants puisqu'en 2008, les dépenses des foyers en SAP ont atteint 15,4 milliards d'euros.

Le potentiel de croissance reste cependant considérable et dépend de la mise en place d'une offre adaptée, encore insuffisante aujourd'hui. On estime qu'à cette condition, plus de quatre millions de particuliers supplémentaires pourraient faire appel aux SAP (équivalant à 5,3 milliards d'euros de dépense additionnelle) et que les utilisateurs actuels seraient prêts à doubler leur utilisation (la consommation moyenne par foyer passant de 83 euros à 152 euros par mois). Rien qu'en se basant sur la simple poursuite du taux de croissance de 11 % constaté en 2008, le marché pourrait être de l'ordre de 24 milliards d'euros à horizon 2012.

Le cadre et les mécanismes du Plan de Développement

Le Plan de Développement des Services à la Personne, dit Plan Borloo, comprend trois dispositions clés mises en œuvre à partir du 1er janvier 2006 :

- la délimitation d'un champ précis d'activités et la simplification des formalités pour pouvoir y opérer ;
- la mise en place d'une filière (opérateurs de services et distributeurs) permettant entre autres de professionnaliser le secteur ;
- l'adoption d'un outil de paiement dédié, visant à alléger le coût total des prestations pour le client.

Combinées, ces mesures constituent un environnement particulièrement favorable à la création et au développement d'entreprises privées, autorisées depuis 1996, mais encore peu présentes dans ce secteur jusqu'à fin 2005.

En 2005, les prestataires de SAP comptaient un peu plus de 6 000 associations et seulement 700 entreprises privées.

Ce secteur regroupe aujourd'hui plus de 18 000 structures agréées, dont plus de 4 500 entreprises privées.

Un champ d'application bien délimité

La liste des activités relevant du Plan de Développement est mise à jour chaque année sur la base d'une évaluation réalisée par l'Agence Nationale des Services à la Personne. Cette agence est l'outil d'accompagnement, de coordination et de communication du gouvernement pour soutenir le développement du secteur des SAP auprès du grand public et des différents partenaires (entreprises, enseignes, etc.).

Vingt-quatre activités de SAP entrent aujourd'hui dans le champ d'application du Plan de Développement. Elles sont listées à l'article V du décret n° 2008-244 du 7 mars 2008 du Code du travail.

Ces activités concernent les services à la famille, les services de la vie quotidienne et les services aux personnes dépendantes et sont détaillées dans les pages qui suivent.

Les services à la famille

Garde d'enfants à domicile : garde régulière d'enfants tout au long de l'année ou de façon ponctuelle pour quelques jours ou quelques heures.

Accompagnement d'enfants dans leurs déplacements : accompagnement des enfants, dès le plus jeune âge jusqu'à leur autonomie, par un adulte tiers au cours des trajets entre le domicile et une activité extra-scolaire, le lieu de résidence du conjoint divorcé ou le lieu de vacances. L'accompagnement des enfants sur le trajet domicile/crèche ou école (ou toute autre structure de garde) relève par contre de la garde d'enfants à domicile.

Soutien scolaire : prestations de soutien personnalisé et régulier aux enfants en difficulté dans une ou plusieurs matières correspondant au programme d'enseignement scolaire. Dotées d'une périodicité établie et avec un horaire préférentiel, les prestations doivent se dérouler exclusivement à la maison, dans l'environnement habituel de l'enfant (exclusion des cours par Internet ou par programme informatique).

Cours à domicile : prestations ouvertes à tous les âges et sur des sujets variés (langues étrangères, musique, arts, cuisine, couture, échecs, etc.) hormis le conseil et l'accompagnement personnel ou l'assistance à l'utilisation d'appareils techniques. Les cours doivent être dispensés de façon individuelle, par quelqu'un disposant d'une réelle compétence.

Assistance informatique : assistance au fonctionnement d'un ordinateur domestique visant à rendre autonome une personne dans l'utilisation courante de logiciels grand public. Il ne doit pas s'agir d'une formation, mais d'une initiation qui peut s'étendre éventuellement aux services supplémentaires comme la livraison de matériel informatique, l'installation et la mise en œuvre de matériels et logiciels ou encore la maintenance logicielle. Cette prestation, limitée aux ordinateurs et non ouvertes aux autres appareils numériques, doit s'effectuer à domicile et jamais à distance par téléphone ou en ligne. Il en va de même pour la réparation et la vente de matériel informatique, qui constituent des activités commerciales.

Assistance administrative : aide pour rédiger une lettre, répondre à un courrier, remplir un formulaire, adresser une demande, obtenir un remboursement, faire valoir ses droits, comprendre le fonctionnement d'une procédure, classer et archiver ses factures, etc.

Les services de la vie quotidienne

Ménage et repassage : prestations d'aide ménagère comme le repassage, le nettoyage des vitres, des sols, des sanitaires, des appareils ménagers, des meubles, le rangement des espaces à vivre (chambres, séjour, salle à manger) ou utilitaires (cuisine, salle de bain, toilettes, couloirs, escaliers). Le service ne doit pas inclure la vente de produits ou de matériels d'entretien.

Collecte et livraison de linge repassé : prestation uniquement limitée à la collecte et à la livraison. Le service ne doit pas comprendre le repassage en lui-même.

Jardinage : travaux d'entretien courant des jardins de particuliers comprenant aussi la taille des haies et des arbres, le débroussaillage et le déneigement des abords immédiats du domicile. L'enlèvement des déchets occasionnés par la prestation de petit jardinage est inclus dans cette activité.

Petit bricolage, dit prestations « hommes toutes mains » : interventions mineures de bricolage comme la pose d'une étagère ou de tringles à rideaux, la remise d'aplomb d'une porte qui racle, etc. Elles doivent être occasionnelles, ne pas réclamer de qualification professionnelle et pouvoir être réalisées en l'espace de deux heures maximum. Les travaux de construction, de réparation et de finition des bâtiments, ainsi que les interventions sur des équipements utilisant du gaz, de l'eau ou de l'électricité ne sont pas inclus dans cette activité.

Surveillance et maintenance de résidence principale ou secondaire : prestations de gardiennage des résidences principales et secondaires (ouverture et fermeture des volets, arrosage et entretien des plantes, collecte du courrier, surveillance du chauffage, etc.). Il s'agit d'une délégation de la vigilance simple et naturelle d'une habitation, hormis rondes et alarmes.

Préparation de repas et commissions : services ouverts non seulement aux personnes dépendantes, à la mobilité réduite, mais aussi à tous ceux ayant des emplois du temps chargés. Concrètement, une personne vient à domicile et prépare un ou plusieurs repas selon les préférences indiquées et à partir des denrées alimentaires fournies.

Livraison de repas à domicile : ouverte aux actifs, aux personnes âgées, handicapées ou malades, cette prestation est limitée à la livraison de repas préparés ne nécessitant pas de cuisine.

Livraison de courses à domicile : prestation de livraison à domicile de produits à partir d'une liste ou instruction pour récupérer un document ou acheter un article. Ouverte à tous, personne mobile ou non.

Mise en relation avec des prestataires : prestations de recherche et d'intermédiation entre un demandeur et un fournisseur agréé de SAP (voir plus bas les enseignes nationales).

Les services aux personnes dépendantes

Garde-malade : présence auprès de personnes malades ou âgées, exercée le jour mais aussi la nuit, toujours à domicile. La prestation ne doit pas inclure les soins médicaux, mais peut comprendre l'aide à la prise de médicaments prescrits par ordonnance, pourvu qu'elle ne prévoie pas l'intervention d'un auxiliaire médical.

Assistance aux personnes âgées ou dépendantes : prestation d'assistance à domicile pour les personnes âgées en perte d'autonomie. Le service ne doit pas inclure les actes de soins relevant d'actes médicaux, mais peut en revanche comprendre l'accompagnement dans les actes essentiels de la vie quotidienne (se lever, s'habiller, préparer ses repas, etc.), et dans la vie sociale et relationnelle (activités domestiques et administratives, de loisirs, de la vie sociale, soutien des relations sociales, etc.), pour soutenir les activités intellectuelles, sensorielles et motrices de la personne.

Assistance aux personnes handicapées : prestation d'assistance à domicile pour les personnes handicapées telles que définies à l'article L. 114 du Code de l'action sociale et des familles. L'intervention d'une auxiliaire de vie peut concerner l'assistance quotidienne ou une aide ponctuelle pour des actions plus ciblées (hygiène corporelle, habillage, déshabillage, appareillage, alimentation, lever et coucher, déplacements dans le logement, accompagnement pour l'exercice d'une activité professionnelle, etc.). La prestation peut également inclure l'aide d'un interprète en langue des signes ou l'accompagnement en dehors du domicile (promenades, transports, actes de la vie courante).

Aide à la mobilité de personnes ayant des difficultés de déplacement : prestations d'accompagnement de personnes dans leurs déplacements autour de leurs domiciles (consulter un médecin ou un dentiste, entrer ou sortir de l'hôpital, aller chercher des médicaments à la pharmacie, se rendre au théâtre ou au cinéma, etc.) au moyen d'un mode de transport approprié à leurs mobilités et à leurs trajets (à pied, en transports en commun, en voiture, en véhicule aménagé, etc.).

Accompagnement au transport de personnes âgées ou handicapées en dehors de leurs domiciles : activité d'accompagnement de personnes âgées ou handicapées hors de chez elles. La prestation n'est pas conditionnée par le but du déplacement : il peut s'agir d'une simple promenade d'agrément, d'une visite chez un proche ou d'actes de la vie quotidienne tels que des courses dans le quartier.

Conduite de véhicule personnel : assistance aux personnes possédant une voiture, mais dont l'état de santé ou l'invalidité, temporaire ou permanente, ne leur permet plus de conduire en toute sécurité.

Soins esthétiques : prestations s'adressant aux personnes dépendantes ne pouvant plus accomplir leurs gestes habituels d'hygiène ou de mise en beauté (épilation, maquillage, soins du visage ou du corps, etc.).

Soins et promenades d'animaux de compagnie : prestations réservées aux personnes dépendantes qui ne peuvent plus s'occuper de leurs animaux de compagnie. Les prestations consistent à nourrir l'animal, changer sa litière, le promener, le conduire chez le vétérinaire. Elles ne concernent que les animaux de compagnie (à l'exclusion des animaux d'élevage) et ne doivent pas inclure les soins vétérinaires et de toilettage.

Téléassistance et visioassistance : ces services relient à distance une personne à une centrale de surveillance. Ces prestations s'adressent aux personnes isolées, âgées, ou handicapées et permettent, en cas de chute ou de malaise, d'alerter des services d'urgence.

Pour plus de précisions sur le périmètre détaillé de ces 24 activités, reportez-vous aux fiches pratiques contenues dans le site de l'ANSP (Agence Nationale des Services à la Personne).

Toutes ces 24 activités doivent être exercées au domicile des bénéficiaires. Toutefois, certaines d'entre elles peuvent l'être dans l'environnement immédiat du bénéficiaire, à condition qu'elles soient incluses dans un bouquet de services effectués à domicile et qu'elles en constituent un complément nécessaire comme l'accompagnement d'enfants dans leurs déplacements en complément de la garde d'enfants, l'aide à la mobilité en complément d'une offre de ménage ou de repassage, le transport de personnes en complément d'une offre de garde-malade, la collecte et la livraison de linge repassé en complément d'une offre d'assistance aux personnes âgées ou de préparation de repas, etc.

Une filière professionnelle à deux niveaux

Pour les activités concernées, la loi du 26 juillet 2005 et ses décrets d'application structurent le secteur selon une logique de filière à deux niveaux, avec :

- Sur le plan local, des opérateurs de services chargés d'assurer les prestations proprement dites.
- Sur le plan national, des distributeurs destinés à fédérer les opérateurs adhérents et à les assister dans leur développement.

Les opérateurs de services

Que ce soit des associations, des organismes publics ou des entreprises privées, les opérateurs assurent leurs prestations contre le versement d'un règlement. Ils peuvent être spécialisés dans un seul type d'activité ou en proposer plusieurs, mais doivent dans tous les cas se consacrer exclusivement aux SAP tels qu'énumérés à l'article V du décret n° 2008-244 du 7 mars 2008 du Code du travail (voir la liste ci-dessus). Seuls les organismes publics bénéficient d'une dispense de cette condition d'exclusivité de façon à pouvoir inscrire leur action en complément logique avec leur vocation première.

Différents modes d'intervention

Le mode prestataire gère environ 60 % des heures effectuées dans les familles.

Ces opérateurs peuvent intervenir selon deux modes distincts mais conciliables.

- **En mode prestataire** : l'opérateur assure les prestations au domicile des particuliers en recourant à l'embauche d'intervenants salariés ou en les effectuant directement lui-même (par exemple dans le cadre d'une entreprise individuelle ou d'une EURL).

- **En mode mandataire** : l'opérateur met en relation des intervenants et des particuliers, mais ce sont ces derniers qui engagent les intervenants et qui restent juridiquement leurs employeurs. Le rôle de l'opérateur consiste alors à rechercher les intervenants et à accomplir les formalités sociales pour le compte des particuliers employeurs (établissement du contrat de travail et des bulletins de paie, calcul et déclaration des cotisations sociales correspondantes).

Nécessité d'être agréé

Les opérateurs prestataires ou mandataires souhaitant entrer dans le cadre du Plan de Développement doivent entre autres mesures, obtenir un agrément des pouvoirs publics. L'agrément peut être facultatif (**agrément simple**) ou obligatoire (**agrément qualité**) selon la nature des clients visés, et ouvre des avantages fiscaux et sociaux dérogatoires au droit commun.

- Les opérateurs eux-mêmes bénéficient d'une réduction des cotisations patronales de Sécurité sociale sur les salaires versés à leurs employés, dans la limite du Smic brut, et peuvent facturer leurs prestations au taux de TVA de 5,5 % au lieu de 19,6 % (à l'exception de la téléassistance et de la visioassistance).
- Les particuliers utilisateurs peuvent bénéficier d'une réduction de leur impôt sur le revenu ou d'un crédit d'impôt à hauteur de 50 % des frais de services qu'ils financent en propre, dans la limite annuelle de 6 000 euros (cas général, avec majorations possibles en fonction de l'âge, de la situation familiale, du nombre et de l'âge d'enfants à charge ou de l'existence de handicaps). Ce plafond est limité à 250 euros pour

p. 200

les prestations de bricolage « hommes toutes mains », à 500 euros pour l'assistance informatique et à 1 500 euros pour les petits travaux de jardinage. Bien sûr, les particuliers règlent la TVA sur les services utilisés au taux réduit de 5,5 % (à l'exception de la téléassistance et de la visioassistance).

> Les particuliers peuvent aussi faire appel à des assistantes maternelles agréées (dépendant d'une crèche, d'une halte-garderie ou indépendantes) pour faire garder leurs enfants de moins de 6 ans à l'extérieur de leur domicile. Ils bénéficient d'un crédit d'impôt de 50 % des frais payés, dans la limite de 2 300 € par an.
>
> Notez qu'il s'agit là du seul cas où le critère d'activité complémentaire effectuée au domicile n'est pas exigé !

Les distributeurs

Les distributeurs sont des structures fédératrices auxquelles peuvent s'affilier les opérateurs de services. Sous l'appellation d'**enseignes nationales**, ils ont pour rôle de consolider l'offre de services sous un nom de marque, de développer la professionnalisation de leurs adhérents et de garantir la qualité des prestations délivrées.

Les distributeurs opèrent principalement *via* des plateformes téléphoniques et des numéros d'appel unique, ou par le biais d'agences, pour renseigner le public sur l'offre disponible, l'orienter vers l'organisme prestataire adéquat et prendre en charge la facturation des prestations réalisées.

> Renseignez-vous directement auprès de ces enseignes (voir les coordonnées complètes au chapitre 9) pour connaître le périmètre d'activités qu'elles couvrent, leur mode de fonctionnement ainsi que leurs conditions et coûts d'affiliation.

Depuis la mise en place du Plan de Développement, plusieurs grands groupes de l'économie sociale et solidaire (mutuelles, Caisse d'Épargne, Crédit Mutuel, etc.) ou de l'économie privée (Accor, Axa, Europ Assistance, etc.) ont décidé de créer des enseignes nationales.

pp. 90 et 99

Les enseignes nationales

Enseignes	Partenaires
A Domicile Services	A Domicile Fédération nationale, Société d'Encouragement pour l'Industrie Nationale, Domplus
A +	Acadomia, ADHAP Services, Domaliance, O2, To Do Today Particuliers, Viadom, Merci+, Assidom, E comme Enfants, Familiclic
Bien-Être Assistance	Accor Services, Europ Assistance
CNP Services à la personne	Accor Services, Europ Assistance
Crédit Agricole Mission Services	Groupe Crédit Agricole
Domiserve +	AXA Assistance, Dexia Crédit Local
Domissimo	Groupe D&O
Fourmi Verte	Familles Rurales, Groupama, Mutualité Sociale Agricole
France Domicile	UNA, UNCCAS, la Mutualité Française
Groupe Assisteo	Nurse Alliance, Prof Assistance, Kids Assistance
Handéo	Fédération APAJH - APF - FEGAPEI - FISAF - Mutuelle Intégrance - UNAFTC - UNAPEI - Association Paul Guino - ASEI - FFAIMC
La Maison du Particulier Employeur	FEPEM, IRCEM Prévoyance, IFEF (Institut FEPEM de l'Emploi Familial)
Genius	Groupe La Poste
Groom Services	Groupe LCL
MACIF Services à la personne	MACIF, Séréna

Enseignes	Partenaires
MAIF Services au quotidien	MAIF, Séréna
MGEN Services à la personne	MGEN, Séréna
Personia	ADMR, Crédit Mutuel, AG2R
Service A Domicile	Groupe Caisse d'Épargne, Séréna

Le Cesu : un outil dédié qui simplifie les formalités

Pour simplifier l'utilisation des SAP et inciter fortement les particuliers à faire appel à des opérateurs agréés, le Plan de Développement intègre un outil dédié à la déclaration et au paiement des prestations utilisées : le **chèque emploi service universel (Cesu)**.

Cet outil, à l'usage des particuliers, remplace les anciens chèque emploi service et titre emploi service. Il comprend, comme ses prédécesseurs, deux parties distinctes :

- Un volet social pour effectuer la déclaration sociale de l'intervenant, si ce dernier est salarié direct de gré à gré ou s'il est « fourni » par un opérateur mandataire agréé qui ne prend pas en charge les formalités sociales (pour mémoire, c'est le particulier et non l'opérateur de services qui, dans ce mode d'intervention, est juridiquement l'employeur).
- Un volet financier pour régler tout ou partie de la prestation.

> Sachez que les deux volets du Cesu peuvent être dissociés. Le particulier employeur peut en effet décider de n'utiliser cet outil que pour satisfaire aux obligations de déclaration sociale et régler les prestations par les moyens classiques de paiement (chèque bancaire, chèque postal, espèces, etc.).
> Il peut aussi utiliser une combinaison de moyens classiques, de Cesu bancaires et de Cesu préfinancés.

La nouveauté du Cesu réside en fait dans son mode de financement. Ce dernier peut en effet :

- Soit rester entièrement supporté par le particulier (cas du **Cesu bancaire**, qui s'obtient sous forme de chéquier sur simple demande d'adhésion auprès des établissements bancaires ayant passé une convention avec l'État).
- Soit être au contraire pris en charge par les employeurs du particulier (publics ou privés, comités d'entreprise, etc.) selon le même principe que les Chèques Restaurant ou Vacances (cas du **Cesu préfinancé**, qui s'obtient auprès de l'un des six émetteurs habilités par l'Agence Nationale des Services à la Personne).

p. 258

Dans ce dernier cas, les employeurs ont le choix de financer le Cesu en totalité ou en partie, et de ne retenir que certaines activités. Ainsi, une heure de repassage payée 18 euros à un opérateur et réglée par Cesu cofinancé à hauteur de 10 euros par l'employeur et 8 euros par le particulier salarié ne coûte que 4 euros à ce dernier après réduction ou crédit d'impôt.

Les collectivités territoriales ou les organismes de protection sociale obligatoire (caisse d'allocations familiales, caisse nationale d'assurance-vieillesse, etc.) et complémentaire (mutuelle, caisse de retraite, compagnie d'assurance, etc.) peuvent aussi fournir des Cesu préfinancés.

À mi-2008, plus de 12 300 employeurs avaient distribué des Cesu à leurs salariés.

Les entreprises qui cofinancent des Cesu bénéficient elles aussi de plusieurs avantages financiers. En effet, la part qu'elles prennent en charge :

- est exonérée de cotisations sociales, dans la limite d'un plafond annuel de 1 830 € par salarié ;
- crée un crédit d'impôt sur les bénéfices, à hauteur de 25 % de son montant, plafonné à 500 000 € par an ;
- est une charge déductible.

Ils peuvent en effet préférer utiliser cette forme de paiement plutôt que des espèces, afin de s'assurer de la bonne utilisation des allocations versées (allocation personnalisée d'autonomie ou APA, prestation compensatoire de handicap ou PCH, aides ménagères, etc.).

Attention, une entreprise de SAP ne peut jamais recourir au Cesu pour déclarer ou rémunérer ses propres employés !

Les autres possibilités d'exercer

Si la création d'une entreprise de SAP dans le cadre du Plan de Développement offre d'incontestables avantages, d'autres solutions existent pour ceux qui souhaitent entreprendre dans ce secteur. De plus, il est également possible de cumuler une activité dans les SAP avec d'autres activités professionnelles ou avec une retraite.

Créer une entreprise en dehors du Plan de Développement

Rien ne vous interdit de créer une entreprise de SAP en dehors du Plan de Développement. Il est en effet toujours possible de proposer des prestations :

- Relevant du champ d'application de l'article D. 129-35 du Code du travail, mais sans bénéficier de l'agrément facultatif — bien entendu, les prestations relevant de l'agrément obligatoire ne peuvent être exercées sans l'obtention de cet agrément. Ce peut être notamment le cas si l'entreprise ne répond pas à certaines des conditions requises pour être agréée.

p. 200

- Ne relevant pas du champ d'application de l'article D. 129-35 du Code du travail, comme l'organisation de goûters d'anniversaire, la coiffure à domicile, le massage à domicile, les cours de peinture, le lavage de voitures à domicile, le détachage de moquette, les retouches rapides, la livraison de DVD ou de jeux, la conciergerie d'entreprise, les centres d'épilation rapide, la manucure à domicile, etc.

Les réseaux de franchise se positionnent souvent sur des services nouveaux et non encore labellisés par les pouvoirs publics. Ils offrent au candidat entrepreneur la sécurité d'un concept déjà testé : organisation, outils d'information, profils des équipes, échange de best practices, méthodes commerciales, approche marketing, etc.

Attention toutefois : en dehors du Plan de Développement, vous ne pourrez prétendre aux avantages fiscaux et sociaux propres à ce régime, ni en faire bénéficier vos clients qui ne pourront vous payer en Cesu. En toute logique, cette option ne devrait donc être retenue que si votre entreprise dispose d'un élément différenciateur fort et envisage de ne s'adresser qu'à une catégorie de clientèle peu sensible à l'argument pécuniaire.

Entreprendre en pluri-activité

Il est également possible de continuer à exercer une autre activité ou d'être à la retraite tout en entreprenant dans les SAP (dans ou hors du cadre du Plan de Développement).

Le cumul avec une autre activité

Même si vous êtes fonctionnaire ou agent public, la loi vous autorise à exercer une activité rémunérée de SAP tout en ayant un autre emploi.

Attention, des autorisations sont cependant requises pour les fonctionnaires et les agents publics en exercice qui désirent créer une entreprise privée.

Les conditions d'exercice varient cependant selon que votre statut actuel est celui de salarié ou de travailleur indépendant :

- En tant que salarié, le cumul est possible dès l'instant que vous respectez votre obligation de loyauté envers votre employeur actuel et que votre future activité de SAP n'est pas susceptible de concurrencer celle de votre employeur. Vérifiez que votre contrat de travail ne l'interdit pas et ne comporte pas de clause d'exclusivité (la loi pour l'initiative économique a cependant prévu une inopposabilité de cette clause pendant un an).
- En tant que travailleur indépendant, le cumul est également possible puisque vous êtes votre propre employeur. Sachez cependant qu'il ne vous sera pas possible d'exercer vos deux activités au sein de la même structure juridique, car la loi pour le développement des SAP impose que l'opérateur de services qui désire être agréé et bénéficier des avantages fiscaux et sociaux dérogatoires au droit commun se consacre exclusivement aux SAP tels qu'énumérés à l'article V du décret n° 2008-244 du 7 mars 2008 du Code du travail.

pp. 155 et 158

p. 45

Dans tous les cas, la seule limite sera de respecter les durées maximales édictées par le Code du travail et de ne pas travailler plus de dix heures par jour et plus de quarante-huit heures par semaine.

Le cumul avec une retraite

p. 179

Si vous êtes retraité salarié ou non salarié du secteur privé, ou encore retraité de la fonction publique, il vous est également possible de créer une entreprise de SAP. Ce choix peut cependant avoir des incidences sur la perception de vos pensions de retraite, en fonction de votre statut antérieur de salarié ou de travailleur indépendant et du régime d'affiliation dans votre nouvelle activité.

Oxygène 93

Multiservice de proximité

63 bis, rue Ernest-Savart,
93100 Montreuil
Tél. : 08 10 81 78 40
www.oxygene93.com

« *Enceinte de ma fille aînée, j'avais du mal à porter mes courses. Cela m'a incitée à réfléchir aux solutions pratiques à apporter aux personnes rencontrant le même problème que moi* », précise Hélène Padonou lorsqu'on l'interroge sur les raisons qui l'ont conduite à créer une entreprise de SAP.

Cette ancienne contrôleuse de gestion dans une administration publique a toujours voulu être indépendante et se mesurer à elle-même. Aussi, quand en 1999 elle doit reprendre son activité professionnelle à l'issue de sa période de congé maternité, la perspective de réintégrer son ancienne fonction ne l'enthousiasme pas vraiment. À l'issue de sa réflexion, elle a compris que les personnes âgées rencontraient des difficultés certaines pour assurer leurs tâches quotidiennes. Un positionnement sur le marché de l'assistance personnelle aux seniors (faire leurs courses, les assister dans leurs déplacements, etc.) lui apparaît alors très vite comme une opportunité intéressante à étudier sérieusement.

Hélène rejoint une association professionnelle de créateurs d'entreprise qui l'aide à préciser son projet et à rédiger une étude de marché.

Forte d'un caractère décidé tout en restant posée, Hélène rassemble tout d'abord les quelques informations publiées sur les services aux personnes âgées et consulte le site Internet de l'APCE. Elle rejoint dans la foulée une association professionnelle de créateurs d'entreprise, qui l'aide à préciser son projet et à rédiger une étude de marché. Elle s'inscrit simultanément à un stage de deux mois organisé par la Chambre de Commerce et d'Industrie de Paris et financé en partie par le CNASEA (Centre national pour l'aménagement des structures des exploitations agricoles). À l'issue de ce stage, dotée du passeport « Entreprendre en France », elle finalise les éléments de son *business plan* :

- Ses besoins comprennent essentiellement un véhicule de transport de personnes et de quoi assurer les frais de communication et de montée en puissance de sa future entreprise.
- Ses ressources proviennent d'un apport personnel de 7 600 € environ (50 000 FF en 1999) pour financer le capital social de la société qu'elle a décidé de créer et d'un emprunt bancaire d'environ 10 700 € (70 000 FF en 1999) contractualisé auprès d'une banque privée et cautionné par le conseil régional d'Île-de-France, dans le cadre du réseau Entreprendre en France.

L'activité, en mode prestataire, démarre réellement en 2000 avec l'immatriculation de la société Oxygène 93 au RCS (en tant que SARL de famille, dont Hélène est gérante majoritaire), la location d'un local de 50 m^2 et l'embauche d'un premier employé. Au départ, les prestations sont essentiellement de deux types : l'accompagnement véhiculé (pour les personnes à mobilité réduite) et la livraison de courses à domicile pour les personnes âgées.

L'agrément des pouvoirs publics, rapidement obtenu, permet à la clientèle de bénéficier d'un avantage fiscal et constitue un argument commercial de poids et une garantie de sérieux pour les prescripteurs et partenaires. « *À partir du moment où nous avons été agréés pour intervenir dans toute l'Île-de-France, les compagnies d'assurances et les mutuelles nous ont confié une partie de leurs missions d'as-sistance et les services sociaux des municipalités nous ont envoyé certains de leurs clients !* »

L'agrément des pouvoirs publics, rapidement obtenu, permet à la clientèle de bénéficier d'un avantage fiscal et constitue un argument commercial de poids.

Puis la palette de services s'élargit progressivement à de nouvelles prestations (aide ménagère, garde d'enfants, soutien scolaire et accompagnement sur le trajet école/domicile, bricolage, jardinage, portage de repas, soins capillaires, aide administrative, etc.) et à un public plus diversifié (jeunes cadres, familles, travailleurs en déplacement professionnel, etc.). Quelques années seulement après sa création, Oxygène 93 connaît aujourd'hui le succès : avec plus de soixante-cinq employés (dont 75 % de femmes), la société multiservice a clôturé son exercice 2008 sur un chiffre d'affaires de 1 250 000 € auprès d'une clientèle fidélisée ! Quant au futur, entre l'ajout de nouveaux services (collecte et livraison de linge repassé) et la pénétration de nouveaux territoires (La Défense, à l'ouest de paris), les projets ne manquent pas !

Quelles sont les conditions pour réussir dans ce métier ? « *Trois sont, selon, fondamentales* », affirme la créatrice d'Oxygène 93 en guise de synthèse et de recommandation.

- Il faut doter l'entreprise de véritables standards de qualité, notamment avec l'embauche d'intervenants consciencieux et qualifiés.

« Malgré le nombre sans cesse croissant d'entreprises de services à la personne, celles qui sauront rester fermes sur la qualité de leurs prestations seront véritablement gagnantes ! »

Chez Oxygène 93, ces derniers sont recrutés avec le plus grand soin, toujours en CDI complet ou partiel. Outre le savoir-faire et les diplômes (comme le Diplôme d'État d'Auxiliaire de Vie Sociale, le DEAVS, pour les auxiliaires de vie), l'employeur doit vérifier le sérieux et la disponibilité des candidats (pas d'amateurs « venus pour voir », ni de personnes ne pouvant s'engager sur un minimum de quatre heures de travail d'affilée par jour). Par ailleurs, la société s'est organisée en départements (aide à domicile, aide à la mobilité, portage de repas, coiffure à domicile, bricolage et jardinage) pilotés par des responsables opérationnels et a embauché un attaché commercial et un superviseur général. Elle a également mis en place des procédures de contrôle rigoureux de la qualité des services rendus à domicile.

- Ensuite, il faut rester vigilant sept jours sur sept et vingt-quatre heures sur vingt-quatre. Les intervenants salariés d'Oxygène 93 doivent savoir que pour un rien (une attitude incorrecte, un geste déplacé, une tenue vestimentaire laissant à désirer), leur entreprise peut perdre un client. Pour le manager, cela signifie mettre ses soucis de côté et se charger de ceux des autres.
- Enfin, il est important d'avoir le sens du dialogue et de rester à l'écoute constante du client à propos des difficultés éventuellement rencontrées et quant à l'évolution de ses besoins. La capacité à transformer des interventions ponctuelles et occasionnelles en prestations régulières se trouve souvent au cœur de la réussite financière de l'entreprise. Elle permet en effet de mieux construire les plannings d'intervention du personnel et d'éviter ainsi d'avoir à lui payer des heures non facturées aux clients.

« *Au final, ces trois conditions se conjuguent pour augmenter la satisfaction et la fidélisation des clients, et donc le bouche-à-oreille* », ajoute Hélène, qui reste relativement réservée quant à l'efficacité des modes de communication traditionnels (encarts dans les journaux ou prospectus). « *Malgré le nombre sans cesse croissant d'entreprises de services à la personne, celles qui sauront rester fermes sur la qualité de leurs prestations seront véritablement gagnantes !* »

Êtes-vous prêt à entreprendre ? 2

LES SERVICES À LA PERSONNE SONT UN SUJET D'ACTUALITÉ et leur dynamisme attire de nombreux candidats à la création d'entreprise. Toutefois, avant de vous lancer, avez-vous pris la peine d'en analyser les diverses facettes ? Possédez-vous réellement les compétences, tant techniques qu'humaines, pour créer et réussir ?

Entreprendre dans les SAP, c'est aborder une profession plus exigeante qu'elle n'y paraît. Il est donc hors de question de partir à l'aventure si vous n'êtes pas réellement motivé et si vous ne possédez pas l'un des profils requis. Vous devez avant tout balayer les idées reçues et analyser sans concession ce métier, afin de savoir s'il est cohérent tant avec vos objectifs personnels et professionnels qu'avec votre personnalité.

Qui sont les créateurs d'entreprises de services à la personne ?

Des profils et des expériences variés

Les créateurs d'entreprise dans le secteur des SAP présentent des profils différents, parmi lesquels trois sont aujourd'hui dominants.

Les anciens cadres d'entreprise

Avec une expérience professionnelle significative et des compétences en gestion et en management, nombreux sont les cadres, quadragénaires ou quinquagénaires confirmés, qui tentent l'aventure de la création d'entreprise dans les SAP.

Devenir patron reste un objectif valorisant, mais demande de nombreux d'efforts, une personnalité affirmée et une bonne dose de courage.

Majoritairement issus du secteur des services au sens large, ils en connaissent les spécificités et les contraintes et trouvent plus rapidement une place sur le marché que les créateurs provenant de l'industrie ou du commerce.

Les jeunes diplômés

Les SAP attirent aujourd'hui un nombre élevé de jeunes diplômés. Ces derniers désirent s'investir sans tarder dans un secteur où l'on peut démarrer rapidement avec beaucoup de volonté et qui nécessite des mises de fonds initiales relativement faibles.

Certains choisissent des activités en rapport direct avec leur formation universitaire, comme le soutien scolaire ou l'assistance administrative. D'autres essaient de faire de leur intérêt pour les nouvelles technologies une activité profitable : ils proposent alors des services de confort à compétences techniques comme l'assistance informatique, Internet ou la télésurveillance.

Les profils atypiques

Le secteur des SAP séduit également des candidats qui, auparavant, auraient hésité à franchir le pas de la création d'entreprise. Ces nouveaux entrepreneurs proviennent d'horizons variés, mais partagent quelques caractéristiques : un faible bagage scolaire, du courage et une forte envie de réussir et de grimper l'échelle sociale.

On retrouve dans cette population d'anciens travailleurs « au noir » souhaitant sortir de la précarité sociale, des travailleurs autodidactes et des jeunes très souvent issus de quartiers difficiles et sans formation spécifique.

Il convient de signaler l'arrivée récente de jeunes retraités qui, profitant des opportunités nouvelles offertes par le cumul d'un emploi et d'une retraite, se lancent dans la création d'entreprise.

Les profils atypiques bénéficient fréquemment de l'appui des pouvoirs publics pour obtenir aussi bien des fonds de soutien que la formation indispensable à la viabilité de leur projet.

Les motivations les plus fréquentes

Tenter l'aventure passionnante de la création d'entreprise est un choix de vie qui obéit à des motivations précises, avouées ou non. Les reconnaître et les comprendre est fondamental, car, selon leur nature, elles peuvent être forces de réussite ou au contraire sources d'échec.

Quelles sont vos motivations ? Pour vous aider à répondre à cette question, analysons ensemble celles que l'on rencontre le plus fréquemment dans ce secteur.

Être son propre patron

Se mettre à son compte, décider de prendre en main son avenir professionnel est une ambition partagée par un large public, des plus jeunes (diplômés ou non) aux salariés les plus confirmés. Même s'il demeure difficile, le chemin de la liberté et de l'indépendance est considéré comme éminemment gratifiant.

L'indépendance a un prix : prendre des décisions sous sa seule responsabilité et travailler « sans filet ».

Sortir d'une impasse professionnelle

Un avenir professionnel apparemment bouché, ou pire, une perte d'emploi sont fréquemment à l'origine d'un projet de création d'entreprise dans les SAP.

Une expérience confirmée, mais le sentiment de ne plus pouvoir progresser et s'épanouir professionnellement : tel est le portrait type des quadragénaires qui créent leur entreprise.

Cette façon de sortir « par le haut » d'une impasse professionnelle peut être positive si elle n'est pas un pis-aller ou une solution de la dernière chance. Les salariés « en panne professionnelle » qui ont réussi à relever avec succès le défi de la création d'entreprise dans les SAP ont tous en commun une attirance et un goût pour ce secteur d'activité.

Réussir matériellement

Le désir d'aborder un nouveau challenge s'accompagne le plus souvent de la recherche d'une récompense financière à la hauteur des risques pris.

Si la réussite matérielle est un objectif largement partagé par les créateurs, elle ne s'exprime pas de façon identique chez tous les porteurs de projets. Certains visent des revenus suffisants pour s'assurer un confort personnel de CSP moyenne, alors que d'autres ambitionnent de faire fortune en accumulant à terme un capital important. Toutefois, il ne faut pas oublier que les SAP restent avant tout un secteur de main-d'œuvre à marges faibles et dans lequel les économies d'échelle sont rares (à moins de multiplier les agences pour constituer à terme un réseau).

De nombreux témoignages de cadres ayant créé leur entreprise dans les SAP montrent qu'il leur a fallu un minimum de trois ans pour retrouver un niveau de vie équivalent à celui qu'ils avaient avant de se lancer. Ensuite, tous les espoirs sont permis !

Les réalités du métier

Si comprendre vos motivations et connaître les grands profils de créateurs vous aidera à vous situer et à juger de la pertinence de vos objectifs, cela n'est pas suffisant. Vous devez aussi avoir conscience des contraintes quotidiennes qu'impliquent la création et la gestion d'une entreprise de SAP, ainsi que des capacités requises pour réussir dans ce métier.

Des contraintes certaines... et une idée reçue

Un temps de travail important

Dans ce métier, surtout lors du démarrage de l'activité, la quantité de travail à fournir est importante. Il faut donc savoir ne pas compter ses heures — et cela souvent six jours par semaine — et faire preuve d'une bonne résistance à la fatigue physique.

Une tension nerveuse élevée

À tout moment, un entrepreneur est amené à affronter des situations tendues, voire conflictuelles, génératrices de stress. Cela est encore plus vrai dans le secteur des SAP, car le contact humain est intrinsèquement lié au déroulement de l'activité.

Un chef d'entreprise est à la fois un homme de chiffres et de contacts. Il gère avec rigueur son tableau de bord, mais manage aussi des hommes et sait rester à l'écoute de ses collaborateurs et clients.

La gestion des clients mécontents (et quelquefois perturbés) et d'un personnel pas toujours aussi impliqué qu'on le souhaiterait (et dont il faut contrôler la fiabilité au quotidien) oblige le chef d'entreprise à se maîtriser en permanence pour conserver un regard lucide sur son activité.

Ne croyez pas que « *c'est à la portée de tous !* »

Le repassage à domicile, le jardinage ou l'accompagnement des personnes âgées semblent très souvent des activités simples et facilement maîtrisables. Or, cette approche est erronée. De plus, le secteur des SAP étant nouveau et en forte croissance, il vous faudra affronter de nombreux concurrents et répondre aux attentes de clients de plus en plus exigeants. Vous devrez donc impérativement connaître parfaitement le marché, concevoir une offre pertinente et adaptée aux besoins de vos clients, enfin viser l'excellence dans la qualité des prestations proposées.

Un « savoir être » incontournable : la maîtrise des relations humaines

La vision à long terme, la capacité de décision et la ténacité constituent des qualités requises pour être un bon entrepreneur. Cependant, dans les SAP plus que dans d'autres secteurs, c'est surtout autour du facteur humain que gravitent la vie quotidienne et le développement de l'entreprise. Que sont en effet l'accompagnement de personnes âgées, le soutien scolaire ou le baby-sitting, voire les prestations de ménage ou de jardinage pour les familles, sinon à la base des relations entre personnes ? Dans ce secteur, la maîtrise des relations humaines constitue donc votre véritable « marque de fabrique ».

Cela doit tout d'abord se traduire dans vos rapports avec vos employés. Ces derniers, nombreux, sont la plupart du temps d'origine et de culture diverses, peu qualifiés, très mouvants et bien souvent sans réelle motivation. Vous devez donc savoir rester à leur écoute, être calme mais réactif (si la femme de ménage tombe malade et vous prévient à la dernière minute, ne vous énervez pas). Gardez à l'esprit que les prestations fournies étant à faible technicité, la différence se fera sur la qualité du service.

Par ailleurs, c'est aussi — et plus encore ! — avec vos clients qu'il vous faut développer l'empathie nécessaire à un bon contact humain. Dans la vente de services, par nature immatériels, tout repose sur la relation de confiance au quotidien instaurée avec les clients (si un client part en vacances et oublie de vous prévenir, ne vous énervez pas). En effet, un client déçu ou mécontent, même s'il n'exprime pas directement son insatisfaction par une réclamation, est le plus souvent irrémédiablement perdu.

Dans le secteur des SAP, avoir déjà managé une équipe constitue pour un entrepreneur un avantage certain.

Quelques savoir-faire

Pour s'imposer sur le marché, un entrepreneur dans les SAP doit aussi maîtriser quelques savoir-faire fondamentaux.

La connaissance du terrain

Les SAP sont effectués au domicile des clients et en contact, quelquefois quotidien, avec eux. Il est donc impératif de connaître votre « terrain d'action ».

Vous appréhenderez votre zone d'intervention géographique en étudiant le marché local et en analysant vos concurrents déjà installés et les prestations qu'ils proposent. Mieux encore, il vous faudra comprendre vos futurs clients et vous fondre pour cela dans leur environnement social et culturel, afin de bien saisir leurs profils, leurs attentes et leur niveau de satisfaction.

p. 62

Cette connaissance du terrain et cette écoute du marché doivent être concrètes : vous-même (ou votre représentant opérationnel) devez être physiquement présent sur le terrain au contact des clients, de leurs familles et de toutes les tierces parties pouvant intervenir lors d'une prestation.

La maîtrise des grands principes de gestion

N'hésitez pas à requérir l'aide d'un expert-comptable. Cet (te) homme/femme de l'art saura vous conseiller efficacement et vous assister dans la gestion de votre entreprise.

p. 122

Il est important de maîtriser la construction d'un bilan et d'un compte d'exploitation, le suivi d'une marge commerciale, des charges fixes de fonctionnement, du besoin en fonds de roulement (BFR) et de la trésorerie. Ces connaissances sont des fondamentaux indispensables à tout chef d'entreprise.

Une polyvalence indispensable

Négocier avec ses banquiers et l'ensemble de ses fournisseurs, recruter son personnel et constituer une équipe, mettre en place un réseau de prescripteurs, attirer et convaincre chaque jour de nouveaux clients, fidéliser les anciens, et gérer en plus l'« intendance » au quotidien, voilà ce qu'être polyvalent signifie !

Cette nécessité d'être partout à la fois, surtout lors des phases de démarrage et de développement de votre activité, ne doit pas vous aveugler et vous détourner de l'essentiel. Très rapidement, apprenez à déléguer, c'est le corollaire de la polyvalence et un élément clé de la réussite.

Mettez toutes les chances de votre côté

Vérifiez que vous possédez bien les qualités personnelles, les compétences professionnelles et les connaissances techniques requises pour créer et gérer une entreprise.

Un bilan personnel

Sans forcément effectuer un bilan approfondi avec l'aide d'un prestataire spécialisé, analysez votre parcours personnel et professionnel, faites le point sur vous-même et mettez à jour vos motivations profondes et réelles. Cet exercice doit également être l'occasion de vérifier que vous êtes prêt à accepter les contraintes du métier. La prise en compte objective et simultanée de tous ces éléments vous évitera de confondre rêve et réalité.

Pour réaliser ce bilan, répondez aux questions posées à la fin de ce chapitre de façon honnête, en recueillant éventuellement l'avis de votre conjoint, de vos amis ou de vos partenaires éventuels.

Enfin, au-delà de vos capacités personnelles, n'oubliez pas de prendre en compte certains facteurs privés qui peuvent également conditionner votre succès :

Demandez l'avis de vos proches, famille et amis, sur vos aptitudes personnelles à vous lancer dans le challenge de la création d'entreprise. La façon dont ils vous perçoivent peut vous aider à vous analyser.

- Aurez-vous par exemple le soutien de votre entourage proche ?
- Votre famille acceptera-t-elle de s'adapter facilement à vos nouvelles contraintes de vie (moins de loisirs, moins de vacances, moindre disponibilité, déplacements et absences, etc.) ?
- Vos ressources financières sont-elles suffisantes pour « tenir » le temps nécessaire au lancement de votre entreprise ?
- Etc.

La cohérence homme/métier

Avant de vous lancer dans le secteur des SAP, comparez les compétences techniques et comportementales requises (voir ci-dessus, « Les réalités du métier ») avec vos atouts et aptitudes personnelles. Cette analyse vous permettra de prendre une décision fondée sur un raisonnement objectif et d'éviter l'erreur souvent commise de créer une entreprise en catastrophe… ce qui conduit généralement à la catastrophe !

S'il existe une véritable cohérence entre l'homme ou la femme que vous êtes et les exigences du métier, vous pourrez passer à la phase pratique et concrète de création de votre entreprise.

Dans le cas contraire, ce sera le moment de choisir entre vous retirer définitivement et différer la date de lancement, de façon à résoudre certaines difficultés identifiées (par exemple en suivant une formation pour accroître vos compétences managériales ou encore en recherchant le concours de compétences externes ou d'associés ayant une expérience et un savoir-faire complémentaires aux vôtres).

Enfin, avant de conclure, vérifiez que vous remplissez bien toutes les exigences d'ordre réglementaire et légal pour exercer votre futur métier.

> « La bonne idée, le bon profil, le bon moment » : telle est l'alchimie de la réussite.

Les conditions pour exercer

Plusieurs lois et règlements encadrent le statut d'entrepreneur individuel ou de dirigeant de société. Ces règles portent notamment sur l'âge du créateur, sur sa nationalité, sur ses antécédents judiciaires et sur sa qualification professionnelle ; certaines sont propres au secteur des SAP.

L'âge

On ne peut créer une entreprise individuelle avant sa majorité. En revanche, un mineur peut être l'associé unique d'une EURL, l'un des associés d'une SARL ou l'un des actionnaires d'une SAS. Dans ces cas de figure, il agira seul s'il est émancipé, ou sous la houlette de son représentant légal s'il ne l'est pas.

Enfin, une SARL ou une SAS ne peuvent être dirigées que par des personnes majeures et des mineurs émancipés.

pp. 164 à 169

Les rapports avec la justice

En droit commun, les personnes ayant fait l'objet d'une décision judiciaire de faillite personnelle ou d'interdiction de diriger une entreprise ne peuvent entreprendre à titre personnel ou en société.

S'agissant plus spécifiquement des candidats à la création d'une entreprise de SAP, cette interdiction générale est renforcée puisqu'une condamnation pénale pour l'une quelconque des infractions citées à l'article 1 de la loi du 30 août 1947 (comme le vol, l'escroquerie, l'abus de confiance, le recel, etc.) emportera le refus d'agrément par les pouvoirs publics.

Toute inscription au fichier judiciaire national des auteurs d'infractions sexuelles interdira aux créateurs d'entreprise d'obtenir l'agrément pour un domaine d'activité en lien avec des mineurs.

La nationalité

Tout citoyen français peut créer une entreprise s'il en a la capacité juridique et ne relève d'aucune interdiction judiciaire. Cette liberté s'étend également aux ressortissants de l'Espace économique européen, d'un pays membre de l'OCDE, d'Algérie ou des principautés d'Andorre et de Monaco.

Pour les autres ressortissants étrangers, hors pays ayant conclu des accords bilatéraux avec la France, il est demandé d'être titulaire d'un titre de séjour et de résider en France régulièrement.

La qualification professionnelle

Aucune qualification particulière n'est juridiquement requise pour exercer en tant que dirigeant d'une entreprise de SAP. Néanmoins, les textes prévoient que le chef d'entreprise veille à ce que les intervenants employés dans des activités soumises à un agrément qualité aient les aptitudes requises et puissent justifier de certains diplômes, expériences professionnelles ou formations.

L'accompagnement du candidat à la création

Les mesures pour les personnes en activité

Elles concernent principalement les actifs sous statut de salarié.

Les congés pour formation ou pour VAE

Le congé individuel de formation (CIF) autorise tout salarié en CDI ou en CDD avec une ancienneté minimale de vingt-quatre mois à suivre, à son initiative et à titre individuel, une action de formation de douze mois de son choix et ce, pendant ses heures de travail. Cette formation peut être financée par le Fonds de gestion du congé individuel de formation (Fongecif ou Opacif) qui peut demander au futur créateur d'entreprise de réaliser un bilan de compétences. Elle demeure distincte de celles proposées par l'entreprise.

La validation des acquis de l'expérience (VAE) est ouverte à tout salarié ayant un minimum de trois ans d'expérience professionnelle. Elle permet d'obtenir un diplôme ou un certificat de qualification qui reconnaît et valide officiellement des compétences professionnelles. Pour les SAP, le CAP petite enfance, le diplôme d'état d'auxiliaire de vie sociale ou le titre d'assistante de vie aux familles constituent quelques exemples de diplômes ou de qualifications accessibles *via* la VAE.

Si vous désirez obtenir une VAE, adressez-vous au point relais conseil (PRC) du ressort de votre domicile pour choisir une certification en adéquation avec votre projet d'entreprise.

Les congés pour entreprendre

Tout salarié en fonction avec une ancienneté minimale de vingt-quatre ou trente-six mois dans l'entreprise peut aussi prendre un congé création (à temps plein ou à temps partiel) ou un congé sabbatique pour une durée prolongée. Il a alors l'assurance de retrouver, à l'issue de cette période, le bénéfice de son contrat de travail avec un emploi équivalent, au même niveau de qualification et de salaire.

La demande du salarié doit être adressée à son employeur par lettre recommandée avec accusé de réception (deux mois avant le départ en congé création ou trois mois avant un congé sabbatique), en précisant la date de départ souhaitée, la durée prévisible du congé et le type d'activité envisagée. La durée du congé est limitée à une période d'un an, renouvelable une fois pour une durée identique. Durant cette période de congé, le contrat de travail et le versement du salaire seront suspendus et non rompus, sauf en cas de temps partiel (le salaire est alors maintenu au prorata du nombre d'heures de travail effectuées).

À réception de la demande du salarié, l'employeur dispose d'un délai de trente jours pour notifier sa réponse par lettre recommandée avec accusé de réception, le défaut de réponse dans ce délai valant acceptation.

L'employeur peut accepter la demande dans les conditions souhaitées par le salarié ou lui imposer de différer de six mois son départ en congé pour création d'entreprise sans avoir à justifier sa décision. Il peut enfin, dans les entreprises de moins de deux cents salariés, refuser cette demande, dès lors que ce congé causerait un préjudice au fonctionnement normal de l'entreprise (ce refus adressé au salarié doit être obligatoirement motivé).

À titre d'exception, la loi pour l'initiative économique du 1er août 2003 permet de cumuler plus facilement qu'auparavant activité salariée et création d'entreprise. Ainsi, aux termes de l'article 15 de cette loi, tout salarié dont le contrat mentionne une clause d'exclusivité peut exercer pendant une période limitée à un an (durée portée à deux ans pour les salariés bénéficiant d'un congé pour création d'entreprise ayant fait l'objet d'un renouvellement de la durée initiale du congé d'un an) une activité indépendante parallèlement à son emploi salarié. Cela est possible nonobstant la clause d'exclusivité qui le lie à son employeur et sous la seule condition de respecter son obligation de loyauté envers ce dernier. Au terme du délai d'un ou deux ans, le salarié pourra soit abandonner son activité entrepreneuriale s'il l'estime économiquement peu viable, soit démissionner de son emploi salarié et se consacrer complètement à sa nouvelle entreprise.

Les exonérations de cotisations sociales

L'article 16 de la loi du 1er août 2003, complété par les articles L. 161-1-2 et 3 et D. 161-1-2 du Code de la Sécurité sociale et la circulaire DSS/SDFSS n° 2004-224 du 17 mai 2004, prévoit également que les salariés qui créent ou reprennent une entreprise peuvent, sous certaines conditions, bénéficier d'une exonération des cotisations sociales dues au titre de leur activité indépendante. Ils doivent pour cela :

- Avoir effectué au moins 910 heures d'activité salariée au cours des douze mois précédant la création ou la reprise de l'entreprise.
- Réaliser également au moins 455 heures d'activité salariée au cours des douze mois suivant la création ou la reprise de l'entreprise.

> Les titulaires de l'APE (Allocation Parentale d'Éducation) bénéficient sans condition d'une exonération de charges sociales au titre de leur activité indépendante.

Il est admis que les périodes de congés payés, comme les jours de RTT, de préavis, les jours chômés ou de repos compensateurs d'heures supplémentaires entrent également dans le calcul du nombre d'heures travaillées ouvrant droit à exonération.

Sont considérées comme équivalentes à une période d'activité salariée à raison de six heures par jour :

- Les périodes d'arrêt maladie-maternité, pour adoption ou accident du travail, dès lors que l'incapacité à reprendre le travail a été médicalement reconnue.
- Les périodes durant lesquelles le salarié, involontairement privé d'emploi, bénéficie d'un revenu de remplacement.
- Les périodes de formation professionnelle rémunérée.

Cette exonération des cotisations sociales liées à leur activité indépendante concerne les dirigeants d'entreprise, qu'ils relèvent du régime social des travailleurs non salariés ou du régime général des salariés. Le bénéfice de cette exonération, qui porte sur les cotisations d'assurance maladie-maternité, veuvage, vieillesse, invalidité-décès, accident du travail et d'allocations familiales, est accordé dans la limite des douze premiers mois d'activité et dans le cadre d'un plafond de revenus ou de rémunération fixé à 120 % du Smic brut, soit 19 022 euros pour 2009.

Ne sont pas concernés par l'exonération, et restent donc dus : la contribution sociale généralisée (CSG), la contribution de remboursement de la dette sociale (CRDS), les cotisations de retraite complémentaire obligatoire, le Fonds National d'Aide au Logement (FNAL), enfin le versement de transport.

Le bénéfice de l'exonération est à demander par écrit à chaque organisme social dont relève le créateur ou le repreneur. Cette demande, qu'il est recommandé d'effectuer dès l'immatriculation de l'entreprise, doit être adressée à l'issue des quatre-vingt-dix premiers jours d'activité ou au plus tard à l'issue de la période d'exonération au régime social des indépendants (au titre de l'assurance-maladie et vieillesse) et à l'Urssaf (pour les allocations familiales).

Les mesures pour les non-actifs

Elles concernent principalement les demandeurs d'emploi.

Les aides spécifiques à la création

Si vous êtes demandeur d'emploi et que vous avez l'intention de créer votre entreprise, vous pouvez sous certaines conditions bénéficier de deux types d'aides.

- L'aide aux demandeurs d'emploi indemnisés ou pas, titulaires des minima sociaux (Allocation de Solidarité Spécifique dite ASS, revenu de solidarité active dit RSA), créant ou reprenant une entreprise en difficulté, (aide aux demandeurs d'emploi créant ou reprenant une entreprise dit Accre), qui vous exonère du paiement des charges sociales pour une durée d'un an pouvant être prolongée jusqu'à trois ans pour les entrepreneurs soumis au régime fiscal de la micro-entreprise et percevant un revenu fiscal inférieur ou égal à 1 820 fois le montant horaire du Smic, soit 15 852 euros pour 2009. Attention, pour pouvoir bénéficier de l'Accre en cas de création ou de reprise sous forme de société, le bénéficiaire doit exercer un contrôle réel sur l'entreprise, soit en détenant directement ou en famille plus de 50 % du capital, soit en en étant le dirigeant avec la possession d'une quote-part de capital d'au moins le tiers et au moins 25 % à titre personnel. Dans ce cas de figure, un formulaire spécifique de demande d'Accre est à retirer auprès du Centre de formalité des entreprises (CFE) du ressort de votre entreprise. Il doit être complété et déposé lors

Pour obtenir les coordonnées des organismes d'accompagnement labellisés, contactez votre Direction Départementale du Travail, de l'Emploi et de la Formation Professionnelle (DDTEFP).

du dépôt, ou au plus tard dans les quarante-cinq jours suivant la déclaration de création ou de reprise d'entreprise.

- Le nouvel accompagnement pour la création et la reprise d'entreprise (Nacre), qui est un prêt à taux zéro accordé pour une durée maximale de cinq ans après expertise du projet dans le cadre d'un parcours d'accompagnement par un organisme labellisé. Ce dispositif remplace depuis le 1er janvier 2009 l'avance remboursable Eden et les chéquiers-conseil.

Le maintien des allocations chômage

Si vous êtes demandeur d'emploi indemnisé, deux conditions sont nécessaires pour continuer à percevoir vos indemnités de chômage lors du démarrage de votre activité :

- Demeurer inscrit comme demandeur d'emploi.
- Ne pas percevoir au titre de votre nouvelle activité plus de 70 % du salaire qui a servi de base au calcul de vos allocations chômage.

Ce cumul est limité aux droits restant dus et sans limitation de durée pour les personnes de 50 ans et plus. Pour les moins de 50 ans, ce cumul est limité à quinze mois.

Le versement des allocations chômage sous forme de capital

Depuis le 18 janvier 2006, tout demandeur d'emploi indemnisé créant ou reprenant une entreprise peut demander le versement de la moitié du reliquat de ses allocations chômage sous forme de capital. Ce capital sera versé pour moitié lors de l'immatriculation de l'entreprise, le reste étant alloué six mois après le début de l'activité. Pour obtenir ce versement sous forme de capital, vous devez cesser d'être inscrit comme demandeur d'emploi ; avoir bénéficié de l'Accre au titre de la création ou de la reprise d'entreprise et ne pas être titulaire d'un contrat de travail au sein de l'entreprise que vous avez créée ou reprise. Enfin, il n'est pas possible de cumuler le versement du capital et le maintien des allocations chômage.

Commencez à ce stade **à *formaliser*** votre **projet :**

Vous sentez-vous capable de surmonter la solitude et le stress physique et psychologique du créateur d'entreprise ?

Êtes-vous prêt à prendre des risques et à vous remettre en question (gagner moins, suivre une formation, etc.) ?

Quelle est votre motivation profonde pour entreprendre ?

Avez-vous l'appui de votre famille ?

Connaissez-vous vos points forts et vos points faibles en termes de personnalité et de compétences ?

Appréciez-vous les contacts humains avec des personnes de tous les milieux et de toutes les origines ?

Aimez-vous commander, savez-vous écouter et diriger une équipe ?

Savez-vous organiser votre travail, décider et prendre des responsabilités, vous adapter à des situations imprévues ?

ADJUVO

Assistance administrative à domicile

6, Cité Thuré, 75015 Paris
Tél. : 01 48 28 00 37
http://adjuvo.free.fr

Au retour d'une mission de deux ans en Asie du Sud-est, où il a eu l'occasion de créer un centre de formation pour le compte d'une association humanitaire, Grégoire de Montgolfier, ingénieur généraliste de formation, s'est interrogé sur son avenir professionnel. « *Plutôt que de choisir la voie classique du salariat, je désirais me lancer dans la création d'une entreprise, et aujourd'hui, je ne regrette pas ce choix de vie* », précise-t-il. C'est son frère qui, fort d'une formation juridique et d'une expérience concrète sur le terrain dans la gestion de tutelle privée, l'incite à aborder le marché de l'assistance administrative à domicile qu'il juge très prometteur. Les Français de tout âge et de toute condition sociale sont en effet chaque jour plus nombreux à souhaiter s'entourer d'une aide administrative experte pour s'exonérer de tâches à la fois complexes et très chronophages.

Intéressé par cette opportunité, Grégoire interroge le site Internet de l'APCE, qu'il juge très utile pour l'exhaustivité des informations présentées, et réalise simultanément une étude de marché et un *business plan* assez succinct.

> ***Grégoire demande et obtient l'aide offerte par les pouvoirs publics aux créateurs d'entreprise (l'Accre et « surtout les chéquiers conseils qui permettent de recourir à des experts »).***

Convaincu par les premiers résultats obtenus, il demande et obtient l'aide offerte par les pouvoirs publics aux créateurs d'entreprise (l'Accre et « *surtout les chéquiers conseils qui permettent de recourir à des experts dans les domaines du droit et de la fiscalité* »). Il décide dans la foulée de créer en octobre 2004 la SARL Adjuvo, qu'il dote d'un capital de 10 000 € destiné à couvrir ses besoins de départ : équipement informatique de base, mise en ligne d'un site Internet, réalisation d'un minimum de supports papier de communication — « *dans cette activité, il n'est pas utile d'investir massivement en communication, c'est le bouche-à-oreille qui crée la clientèle* » —, et location d'un local professionnel de 40 m^2 à Paris.

Tout en démarrant son activité, Grégoire consacre l'année 2005 à parfaire sa formation technique et juridique (droit de la famille, gestion de patrimoine, fiscalité des personnes, etc.). Il monte, en complément de sa SARL, une association pour prendre en charge la totalité des prestations effectuées au domicile des clients dans le cadre de la loi Borloo. Cette association reçoit un agrément simple en 2006 et un agrément qualité quelques mois plus tard pour intervenir auprès des personnes âgées.

Tout en démarrant son activité, Grégoire consacre l'année 2005 à parfaire sa formation technique et juridique.

Adjuvo offre deux types de prestations à son portefeuille de clients constitué d'un tiers de jeunes actifs et de deux tiers de retraités :

- Tout d'abord des prestations ponctuelles, comme l'aide à la constitution de dossiers administratifs, notamment en matière de succession, le tri et le classement des documents, la rédaction et le suivi de courriers, l'établissement de budgets prévisionnels et la vérification et la régularisation de la situation fiscale des clients.
- Ensuite des prestations récurrentes, comme le suivi quotidien du courrier reçu (ouverture, traitement, classement), la réalisation des déclarations fiscales (IRPP, ISF), l'appui à la gestion immobilière (suivi locatif et comptable), le suivi de la gestion des employés de maison et l'aide aux curateurs et tuteurs familiaux (comptes rendus de gestion, requêtes au juge des tutelles, etc.).

Grégoire est aujourd'hui satisfait de la progression de son activité. Celle-ci repose sur les relations de confiance qu'il a su établir avec le réseau de prescripteurs mis en place (notaires, médecins, etc.) et ses clients.

Forte de ces atouts, et après avoir réalisé un chiffre d'affaires de l'ordre de 15 000 € pour l'année « test » de lancement, Adjuvo a, année après année, doublé son chiffres d'affaires. Pour 2009, Grégoire a prévu de continuer dans la voie d'une progression régulière et soutenue de son activité en continuant à structurer et à consolider son entreprise et en élargissant progressivement son rayon d'intervention sur le territoire national.

La progression de l'activité repose sur les relations de confiance établies avec le réseau de prescripteurs mis en place (notaires, médecins, etc.) et les clients.

« *L'idéal est de travailler en équipe, pour pouvoir quotidiennement dialoguer et se motiver. Au démarrage de mon affaire, j'ai souffert d'être seul dans mon bureau* », conclut-il.

Ainsi, il recommande aux futurs créateurs d'entreprise de ne pas trop s'interroger avant de se lancer et, dans la mesure du possible, de partager un local avec d'autres personnes pour bénéficier d'un meilleur environnement de travail.

3

Et si vous vous installiez ?

VOUS ÊTES À PRÉSENT SÛR DE POSSÉDER la volonté et les compétences requises pour entreprendre dans les SAP. Toutefois, que vous envisagiez de créer une TPE (très petite entreprise) ou une PME (petite et moyenne entreprise), deux étapes fondamentales s'imposent avant de vous lancer. Vous devez tout d'abord choisir l'activité ou le groupe d'activités que vous allez offrir, puis mener une étude de marché pour analyser votre futur champ d'intervention, comprendre vos prospects et vos concurrents et estimer votre potentiel de développement.

À l'issue de cette étude, vos estimations de chiffre d'affaires, complétées de vos appréciations de charges d'investissement et de fonctionnement vous permettront de mesurer la rentabilité prévisionnelle de votre projet, d'apprécier sa faisabilité et de construire votre *business plan*.

pp. 89 et 122

Choisissez votre domaine d'activité

Il ne sert à rien d'aborder les aspects financiers, juridiques, sociaux ou fiscaux de la création d'entreprise si vous ne connaissez pas au préalable les tendances et les opportunités du secteur et si vous n'avez pas encore arrêté votre futur domaine d'activité.

Les tendances et les opportunités du secteur

D'ores et déjà, les SAP réalisés dans le cadre d'un agrément ont atteint un chiffre d'affaires de 15,4 milliards d'euros en 2008, en hausse de 11 % par rapport à 2007 :

- **Les employeurs directs** représentent 62 % environ. Ce pourcentage en baisse traduit une tendance à l'utilisation croissante de services « à la demande » (utilisation à l'heure de manière ponctuelle).
- **Les associations** ont une part de 33 % environ. Intervenant essentiellement dans l'aide aux personnes âgées et dans l'entretien de la maison, elles ont su développer un véritable savoir-faire et bénéficient d'une implantation territoriale ainsi que d'un réseau de solidarité.
- **Les entreprises privées** représentent à peu près 5 %. Encore modeste, ce pourcentage progresse cependant régulièrement depuis 2006, car plus flexibles et plus créatives que les acteurs traditionnels, les entreprises privées peuvent répondre plus rapidement et de façon mieux adaptée à la demande croissante des ménages solvables qui souhaitent déléguer une partie de leurs tâches quotidiennes.

Disposant d'atouts importants (portefeuille de clientèle existant, légitimité, relations de proximité avec les collectivités locales, etc.), les associations ont adhéré à la logique de plateformes et de réseaux du Plan de Développement.

Surtout, l'évolution récente de ce chiffre d'affaires, non par acteur mais par type d'activité, éclaire les tendances nouvelles de la demande et les attentes des consommateurs.

- **Les services aux personnes âgées, handicapées ou dépendantes** : au-delà des prestations actuellement les plus fréquentes (aide ménagère, portage de repas, services de soins spécifiques, etc.), trois types de préoccupations nouvelles se font jour :
  - la continuité des prestations dans le temps, c'est-à-dire la possibilité de bénéficier de services soit de nuit, soit lors des week-ends, des vacances ou des retours d'hospitalisation ;
  - la possibilité de rompre l'isolement pour sortir de chez soi et avoir une vie sociale. Si l'aide ménagère et l'aide au lever et au coucher figurent en tête des préoccupations, l'accompagnement pour des déplacements à l'extérieur du domicile se situe en troisième position et l'emporte sur le portage de repas ou la livraison de médicaments à domicile ;
  - le soutien matériel et psychologique aux membres des familles, *via* des prestations de coaching par exemple.
- **Les services à l'enfance** : outre l'aide aux devoirs et les cours à domicile, champs d'intervention traditionnels des entreprises privées et pour lesquels la demande reste très forte, l'attente s'oriente surtout vers des modes de garde ponctuelle en cas d'imprévu ou de maladie des enfants (avec une réponse très rapide, puisqu'il s'agit d'une sorte de « SOS dépannage », etc.).
- **Les services d'entretien de la maison** et les **travaux ménagers** (lavage des carreaux, du sol, repassage, etc.) : c'est ici que se trouve le plus gros potentiel, mais là aussi dans le cadre d'un usage ponctuel et à la carte ;

Selon une enquête de la CCIP réalisée auprès de chefs d'entreprises agréées, les activités les plus demandées par le public sont :
- l'entretien de la maison et les travaux ménagers (36 %) ;
- le soutien scolaire et les cours à domicile (23 %) ;
- l'assistance informatique et Internet (23 %) ;
- l'assistance aux personnes âgées (18 %) ;
- la garde d'enfants à domicile (13 %).

- **Les nouveaux services** : la demande se révèle forte et en constante progression pour l'assistance informatique ou administrative, le gardiennage et la télésurveillance. La particularité de ces services est qu'ils requièrent tous des connaissances techniques spécifiques et ne peuvent donc être assurés que par du personnel formé et qualifié.

Les questions fondamentales à se poser

Au-delà de vos préférences personnelles, vous devez choisir vos futures activités en vous posant également quelques questions fondamentales.

- **La demande dans ce domaine est-elle réelle ?** Assurez-vous qu'il existe de vrais besoins actuellement peu ou mal satisfaits par la concurrence et que les clients escomptés sont suffisamment nombreux et faciles à « atteindre ».
- **Que faut-il proposer ?** Définissez avec précision la gamme de services que vous allez commercialiser, vos prix et les modes de tarification.
- **Quel est le potentiel de développement envisageable ?** Évaluez le marché potentiel à court et moyen termes.
- **Quels sont les meilleurs moyens pour pénétrer le marché ?** Associez-vous aux bons partenaires et choisissez des techniques commerciales et de communication appropriées pour toucher votre clientèle.

Pour répondre à toutes ces questions, n'hésitez pas à requérir l'avis de professionnels, à effectuer des recherches documentaires, à collecter des observations diverses et à enquêter sur le terrain. En un mot, vous allez devoir réaliser une étude de marché !

Votre étude de marché sera également un document précieux à joindre à vos demandes de financement, d'aides et de subvention.

Réalisez votre étude de marché

La démarche à suivre

Une étude de marché représente avant tout un travail concret et de bon sens qui, lorsqu'il est réalisé avec sérieux, constitue un quasi-test de vente et réduit au maximum les risques d'échec.

Selon une analyse réalisée par l'APCE, une étude de marché de mauvaise qualité ou inexistante est l'une de principales causes de défaillance des entreprises.

Vous pouvez la sous-traiter à un cabinet de conseil extérieur (par exemple ADETEM, Association pour le Développement des Techniques de Marketing) ou à une « junior entreprise » (association d'étudiants des grandes écoles de commerce) qui pratique des prix plus attractifs. Cependant, il est préférable de la réaliser vous-même ou au moins d'y participer activement, car, en procédant ainsi, vous économiserez plusieurs milliers d'euros et vous imprégnerez beaucoup plus rapidement et aisément des informations recueillies.

Menez ensuite votre étude pas à pas, avec objectivité, en respectant quelques règles élémentaires.

- Interviewez le plus grand nombre possible de personnes pouvant vous apporter des informations pertinentes sur votre projet et recoupez plusieurs sources de données.

- Vérifiez toujours la « fraîcheur » des renseignements obtenus, le contenu de certains documents et les conclusions déjà établies n'étant valables qu'à un moment donné et dans un contexte précis.
- Restez critique sur les informations disponibles, car elles peuvent être inadaptées à un projet de taille modeste ou tout simplement à votre spécialité.

Comptez de quelques semaines à deux ou trois mois pour disposer d'une première version de votre étude, en fonction de votre disponibilité et de la précision recherchée. Mais, quels que soient l'activité ou le groupe d'activités retenu à ce stade, votre étude de marché devra toujours se dérouler en deux étapes :

- **Dressez tout d'abord un état des lieux national** des grandes caractéristiques du domaine, de l'offre et de la demande globales.
- **Analysez ensuite de manière détaillée le marché local** (concurrents et prospects) sur lequel vous souhaitez vous installer.

L'état des lieux au niveau national

Cette première étape constitue en fait une **analyse macroéconomique** du domaine d'activité choisi, grâce à laquelle vous pourrez comprendre sa structure globale, observer ses tendances récentes et apprécier ses capacités de développement. Elle sera essentiellement réalisée à partir d'études documentaires et d'interviews de professionnels.

Cette phase d'observation sera bien entendu plus ou moins fouillée en fonction de votre expérience professionnelle antérieure.

Les principaux points à étudier

L'état des lieux portera sur les caractéristiques principales du domaine d'activité et sur les profils de la demande et de l'offre globales.

Les caractéristiques du domaine d'activité

Voici les questions auxquelles il vous faudra répondre :

- quels sont les principaux services commercialisés ? Quel est le niveau des prestations vendues en volume et en valeur, et leur taux de progression annuel sur le plan national et régional ?
- quelles sont les différentes catégories d'acteurs concernés (opérateurs, distributeurs, prescripteurs, décideurs, bénéficiaires des services) ?
- quelles sont les pratiques commerciales usuelles (modes de contractualisation, modalités et délais de paiement, pratique des ristournes, etc.) ?

Ne sous-estimez pas l'importance de ces questions, particulièrement si vous envisagez de commercialiser des services innovants.

- quels sont les facteurs clés de succès (recrutement de personnes qualifiées, fidélisation des clients, modernité des systèmes d'information, qualité des services) ?
- existe-t-il des circulaires (sur le plan juridique, fiscal ou social), des certifications et une convention collective spécifiques à l'activité ?
- etc.

Le profil de la demande

Il s'agit ici d'établir une typologie de la demande à partir des profils des deux à trois premiers groupes de clients, c'est-à-dire ceux qui représentent habituellement plus des deux tiers du marché. Vous définirez donc :

- leur nombre et leurs caractéristiques (catégorie socioprofessionnelle, âge moyen, sexe) ;

- leur statut familial (célibataire, divorcé, marié) et la taille de leur foyer ;
- leur style de vie (traditionnel, moderne) et leur niveau d'éducation ;
- leur type d'habitat (urbain, périurbain, rural).

Pour chacun de ces groupes, une analyse de sa motivation et de son comportement d'achat sera à effectuer, afin de connaître plus précisément :

- ses critères d'achat (proximité, diversité, spécialité, qualité de service, prix, fidélité à un intervenant, etc.) ;
- la fréquence d'achat (régulière, occasionnelle) et sa périodicité (quotidienne, hebdomadaire, mensuelle, etc.) ;
- le montant moyen dépensé par période ;
- etc.

Évitez de pécher par optimisme tout au long de vos investigations, vous risqueriez de vous lancer dans une affaire vouée à l'échec.

Le profil de l'offre

Enfin, vous tenterez de recueillir des renseignements sur :

- le nombre d'entreprises existantes, leur répartition géographique ;
- le taux de création d'entreprises au cours des cinq dernières années ;
- la taille, le chiffre d'affaires moyen et la santé financière des entreprises existantes ;
- les gammes d'activités proposées ;
- les modes de vente et les prix pratiqués ;
- les moyens de communication ;
- etc.

Où trouver l'information ?

Pour dresser votre état des lieux, vous trouverez des informations utiles en vous adressant à des experts et à des professionnels du métier (associations, syndicats, enseignes nationales, etc.), et surtout en rassemblant différents documents (fiches métiers, dossiers professionnels, études sectorielles, etc.) consultables auprès :

- des organisations et syndicats professionnels comme l'ANSP, l'IDAP (Institut de Développement des Activités de Proximité), le SESP (Syndicat des Entreprises de SAP) ou le SYEMA (Syndicat de l'Entretien de la Maison) ;
- des centres d'information économique des Chambres de Commerce et d'Industrie et des Chambres de Métiers (grâce aux bases de données sectorielles comme le serveur Delphes) ;
- des services économiques des collectivités locales ;
- des cabinets d'études spécialisés, comme le CREDOC (Centre de Recherche pour l'Étude et l'Observation des Conditions de Vie), DAFSA ou XERFI, dont les études, souvent onéreuses, peuvent quelquefois être consultées en résumé sur leur site Internet ;
- d'organismes publics comme l'Insee (Institut National de la Statistique et des Études Économiques), la direction de l'information du ministère du Commerce et de l'Artisanat et l'INC (Institut National de la Consommation, qui publie *60 millions de consommateurs*) ;

Voici quelques adresses de sites Internet qui peuvent vous être utiles :

- Credoc : www.credoc.fr ;
- Dafsa : www.dafsa.fr ;
- Xerfi : www.xerfi.com ;
- Insee : www.insee.fr ;
- direction de l'information du ministère du Commerce et de l'Artisanat : www.cnis.fr.

Il ne s'agit pas de rechercher le plus grand nombre d'informations possibles, mais le maximum de renseignements utiles.

- de revues professionnelles et de quotidiens économiques comme *Les Échos* ou *La Tribune* ;

p. 259

- et bien sûr de l'APCE, dont le site regroupe plus de cent quarante fiches professionnelles.

L'analyse détaillée du marché local

À l'issue de cet état des lieux, vous pourrez provisoirement confirmer le choix de votre domaine d'activité et de votre futur site d'implantation.

> Une étude cohérente suppose le plus souvent des allers-retours entre le niveau macroéconomique et le niveau microéconomique.

Vous allez à présent devoir porter votre attention sur les spécificités de vos futurs clients et concurrents. Il peut en effet exister des écarts importants et des logiques commerciales très différentes au niveau général et au niveau local. Cette seconde partie de l'étude correspond donc à une **analyse microéconomique**.

Votre zone d'opération

Délimitez tout d'abord votre future zone d'opération, c'est-à-dire le périmètre dans lequel habitent vos clients potentiels et opèrent vos concurrents.

En fonction des capacités locales de déplacement (disponibilité et lieux d'habitation du personnel de l'entreprise, moyens de transport à disposition, etc.) et de la qualité du réseau de communication (métro, train express régional, routes, etc.), on distingue habituellement deux zones.

- Une zone primaire, premier périmètre dans lequel les domiciles des clients potentiels sont facilement atteignables (une demi-heure en voiture maximum).
- Une zone périphérique, qui peut englober les domiciles des clients potentiels distants d'une heure en voiture au maximum.

Attention, les temps donnés ici ne sont que des moyennes à adapter aux situations locales. Ils sont le plus souvent calculés à partir du lieu d'implantation de l'établissement.

Une fois ces périmètres délimités, procédez à un décompte de la population et à une revue rapide du quartier (immeubles, commerces, infrastructures publiques, etc.), afin de déterminer si ces zones sont en développement, en mutation ou en crise.

L'Insee propose des statistiques à un niveau fin, issues du dernier recensement de la population (âge, profession, niveau d'études, situation familiale, habitudes de consommation, etc.).

Vos futurs concurrents

Connaître vos concurrents, c'est vous donner la possibilité d'apprécier la « qualité commerciale » de votre zone d'opération, mais aussi de vous positionner sur une cible différente. Cette concurrence peut être directe (entreprises ou associations identiques à la vôtre) ou indirecte (associations bénévoles à but non lucratif, etc.).

L'absence de concurrents dans une zone n'est pas toujours bon signe : ne croyez pas être plus malin que les autres !

À la suite de ces investigations, vous serez en mesure de répondre aux questions suivantes :

- qui sont mes concurrents ?
- depuis quand sont-ils installés ?

Pour répondre à ces questions, présentez-vous comme prospect et demandez des plaquettes, des dépliants, un devis, le mode d'intervention proposé, etc.

Interrogez aussi les Chambres de Commerce et les sites www.euridile.inpi.fr, www.infogreffe.com, www.societe.com et www.sirene.tm.fr.

- quel est leur chiffre d'affaires, leur bénéfice, leur santé financière ?
- quelle cible ont-ils choisi ?
- quelle est leur offre et à quel prix ?
- quels sont leurs effectifs salariés ?
- quelle est leur politique de communication ?
- etc.

Vos futurs clients

Il s'agit de déterminer les comportements de vos futurs clients, leurs attitudes et leurs blocages face aux SAP, au travers d'une **enquête qualitative**. Vous tenterez de comprendre :

- pour quelles raisons ils feraient appel à vous ;
- quelles conditions ils considèrent comme essentielles ou facultatives pour passer à l'acte.

Vous questionnerez de façon approfondie un nombre restreint de « clients pressentis » (par exemple une trentaine de personnes correspondant aux profils de consommateurs identifiés lors de l'état des lieux) pendant une demi-heure, voire plus, et de préférence sur rendez-vous. Néanmoins, pour un test préalable d'une dizaine de questions, vous pourrez procéder par téléphone ou dans la rue.

Quels que soient le domaine d'activité choisi et la précision recherchée, votre guide d'entretien comprendra toujours trois catégories de questions :

- des questions objectives sur l'identité de l'interviewé, comme son âge, son domicile, son revenu moyen, sa situation de famille, etc. ;

- des questions subjectives sur ses besoins, ses attentes, ses refus, etc. ;
- des questions évaluant le niveau de connaissance de l'interviewé sur le sujet de l'enquête et grâce auxquelles vous pourrez affecter un indice de confiance aux informations fournies.

Dans une enquête qualitative, les questions fermées n'ont qu'une valeur relative, car elles limitent les réponses à une liste fixée à l'avance. Préférez les questions ouvertes à tout type de réponses et testez-les au préalable sur votre entourage pour vous assurer de leur bonne formulation.

Pour mettre au point ce guide, trouver la bonne formulation des questions et interpréter correctement les réponses fournies, il est recommandé de recourir à un spécialiste du marketing.

Bâtissez votre plan marketing

Votre positionnement concurrentiel

Grâce à votre connaissance de l'offre et de la demande locales, vous allez à présent pouvoir affiner votre projet, car vous disposez des informations nécessaires pour répondre aux deux questions fondamentales lors de la création d'une entreprise :

Bon à savoir : le dispositif Réseau + permet à des candidats, contre un droit d'entrée, de dupliquer des concepts de SAP expérimentés depuis trois à cinq ans par d'autres, en bénéficiant de leur savoir-faire.

- Existe-t-il une demande locale, suffisante et solvable, pour l'activité envisagée ?
- La concurrence locale répond-elle, totalement ou partiellement, en quantité et en qualité, à cette demande locale ?

Des réponses à ces deux questions va découler soit l'arrêt pur et simple du projet dans le lieu d'implantation envisagé, soit sa poursuite après avoir préalablement défini une stratégie de positionnement concurrentiel. En effet, hormis le cas où vous êtes seul face à une demande importante non satisfaite, la présence de rivaux déjà établis va nécessiter que vous choisissiez une stratégie d'affrontement, de contournement ou d'évitement.

L'affrontement

Une stratégie d'affrontement consiste à tenter de dominer ses concurrents par les coûts. Il s'agit d'une technique gagnante à long terme, car des coûts bas facilitent des prix bas et attirent donc de gros volumes de clients, ce qui, grâce aux économies d'échelle générées, permet de multiplier les bénéfices.

Le choix de l'affrontement nécessite d'adopter une offre standardisée autour de services de masse peu personnalisés. Elle peut difficilement être le fait d'une entreprise récente et petite face à un gros acteur bien installé, car la nouvelle venue ne pourrait longtemps soutenir la guerre des prix qui en résulterait.

Le contournement

Une stratégie de contournement vise à éviter une guerre des prix en se dotant d'un ou de plusieurs arguments différenciateurs répondant à une attente fondamentale de certains segments de clientèle, comme :

- la qualité du savoir-faire ;
- la disponibilité des intervenants ;
- la capacité de réaction ;
- le rapport qualité/prix ;

- la garantie de service ;
- l'image ;
- etc.

La différenciation par rapport à vos concurrents peut se faire sur plusieurs segments de clientèle plus ou moins larges (cadres supérieurs, femmes célibataires, etc.) pour lesquels vous définirez des offres adaptées.

L'évitement

La stratégie d'évitement, dite aussi *stratégie de niche*, suppose l'existence de besoins spécifiques ou nécessitant des prestations très spécialisées. Dans ce cas, l'entreprise choisit d'éviter la concurrence et se positionne sur une petite partie du marché qu'elle va dominer grâce à une personnalisation poussée de ses prestations et à une relation très forte avec ses clients.

Quelle que soit la stratégie choisie, vous la compléterez par une politique de prix, de distribution et de communication.

p. 90

Votre politique de prix

Les tarifs pratiqués par les opérateurs sont fixés librement pour les services non agréés ou pour ceux qui ne relèvent que de l'agrément simple.

> Un opérateur agréé qualité a intérêt à fixer ses tarifs de départ à un niveau satisfaisant, puisqu'il ne pourra pas les augmenter ensuite comme il l'entend.

En revanche, pour les opérateurs agréés qualité, l'évolution des tarifs est encadrée et ne peut s'effectuer qu'à l'intérieur d'une fourchette décidée chaque année par les services de la consommation et de la répression des fraudes. De plus, cette liberté n'est pas totale, du fait de l'existence de tarifs de référence pour les interventions prises en charge par un organisme de protection sociale.

En pratique, trois paramètres doivent donc être pris en compte pour fixer ses tarifs de départ : les coûts à couvrir, la valeur perçue par les clients (ou par les différents segments de clientèle) et les prix des concurrents.

Si vous avez opté pour une stratégie d'affrontement, seuls les tarifs de vos concurrents devront être considérés, et votre réussite dépendra de votre capacité à offrir des prestations à des prix plus bas qu'eux tout en dégageant une marge positive. Toutefois, dans un secteur où la main-d'œuvre représente souvent plus de 80 % du coût de revient, les gains de productivité sont limités.

La valeur perçue par le client est toujours relative, elle peut être augmentée en intégrant des arguments différenciateurs à votre offre.

En revanche, si vous avez choisi les stratégies de contournement ou d'évitement, vous intégrerez à votre réflexion d'une part le coût de revient d'une prestation, qui constituera le tarif minimum, et d'autre part la valeur perçue, qui constituera le tarif maximum. Considérez ensuite le prix pratiqué par la concurrence qui, si cette dernière est rationnelle, devrait également se situer entre ces deux zones extrêmes. Le tarif retenu sera celui qui maximisera le nombre de clients possible.

Voici d'autres points clés à examiner lors de l'établissement d'une politique tarifaire :

- sur quelles bases facture-t-on la prestation (au forfait, au temps passé, ou selon un mélange de ces deux formules) ?

- doit-on pratiquer des rabais sur un tarif de base ? Si oui, en fonction de quels critères (volume, fidélité, distance, etc.) ?
- faut-il proposer des formules d'abonnement ?

Votre chiffre d'affaires prévisionnel

Il existe deux grandes méthodes pour estimer un chiffre d'affaires prévisionnel : l'enquête quantitative et l'approche par les ratios. Il est utile et prudent d'appliquer successivement ces deux techniques puis de rapprocher leurs résultats.

L'enquête quantitative

En interrogeant brièvement un certain nombre de particuliers — par exemple une centaine de personnes correspondant aux profils types du ou des segments que vous ciblez — sur leur adhésion au positionnement retenu, vous pourrez estimer, par extrapolation sur la population recensée lors de la délimitation de la zone d'opération, le nombre de clients potentiels et le montant moyen annuel qui sera consommé chez vous.

Pour bien faire, votre questionnaire devra respecter les principes suivants :

- le nombre de questions sera limité (deux à trois pages au plus) et l'entretien (en face-à-face dans la rue par exemple) ne dépassera pas trois à quatre minutes ;
- les questions seront ordonnées des plus simples aux plus complexes. Leur formulation, claire (proscrivez tout jargon), appellera des réponses précises (préférez les questions fermées à réponse unique) ;

- les questions porteront sur des faits récents et vérifiables (quand, où, combien, etc.), et celles qui concernent les intentions d'achat intégreront des échelles de prix ;
- les renseignements concernant l'identité des personnes sondées seront demandés à la fin de l'entretien.

Sollicitez l'avis d'un conseil compétent et étranger au projet pour la réalisation du questionnaire quantitatif et n'oubliez pas de le tester avant son exploitation pour mesurer sa pertinence. Le test d'un questionnaire quantitatif se fait en général sur 4 à 5 % du nombre de réponses souhaitées.

Lors du dépouillement des résultats, la prudence réclame d'appliquer aux réponses obtenues une pondération minimale (voir tableau suivant), en sachant que les questions sur les intentions d'achat doivent faire l'objet d'une décote encore plus importante. L'expérience prouve en effet qu'il existe un fossé entre les intentions affichées et le passage à l'acte le moment venu.

Pondération des réponses selon la taille de l'échantillon

Taille de l'échantillon	Pondération des réponses
100	6 à 10 %
200	4 à 7 %
300	3 à 6 %

Ainsi, pour soixante personnes déclarant leur volonté de vous passer commande — et si l'échantillon interrogé est de cent personnes —, il est recommandé de diminuer ces soixante réponses positives de 6 à 10 % et de ne retenir au final que le chiffre moyen de cinquante-cinq réponses positives.

L'approche par les ratios

Cette méthode consiste à s'appuyer sur les informations que vous aurez collectées en amont, entre autres :

- les estimations des experts ;
- les ratios de vente fournis par les syndicats, les associations professionnelles ou les CCI ;
- les données recueillies sur la concurrence locale.

En comparant et en croisant les chiffres obtenus grâce à l'enquête quantitative et ceux recueillis à partir des ratios, vous allez à présent pouvoir construire vos hypothèses de chiffre d'affaires prévisionnel. Attention toutefois : ces montants restent des estimations et comportent tous des marges d'erreur, surtout pour un projet nouveau. Pour pallier ces difficultés, il est recommandé de raisonner sur la base de fourchettes et de **construire au moins trois scénarios de chiffre d'affaires** (optimiste, « moyen » et pessimiste). Ils serviront de base de simulation au moment du montage financier de votre projet (*business plan*).

p. 138

Votre étude de marché est désormais achevée. Sachez que ses conclusions ne sont que provisoires, car les goûts des clients évoluent et la concurrence change. Il vous faudra donc réagir en permanence à ces nouvelles caractéristiques du terrain.

Effectuez une **synthèse** de vos ***réflexions*** et des ***informations*** **recueillies :**

Quelle activité allez-vous proposer et pourquoi ?

À quels types de clients s'adresse-t-elle ?

Connaissez-vous vos concurrents déjà en place ? Avez-vous étudié leur offre, leurs prix, leurs moyens de communication ?

Comment comptez-vous vous positionner ?

Quelle sera votre gamme de services ?

Quelle sera votre politique de prix ?

Quel sera votre chiffre d'affaires prévisionnel (selon trois scénarios) ?

Exam Plus

Soutien scolaire à domicile

24, rue Feydeau, 75002 Paris
Tél. : 08 11 03 13 23
www.exam-plus.fr
www.plus-que-parfait.fr
www.entrapprendre.fr

C'est au cours de ses études supérieures (maîtrise en sciences de gestion d'entreprise à l'Université de Paris Dauphine et école de commerce à l'INT Management) que Teddy Alcide a eu l'idée de créer son entreprise. Tout commence par une association d'étudiants qui, pour financer leurs études, décident de proposer des prestations de soutien scolaire aux élèves des lycées et des collèges. Le marché existe et les parents d'élèves, très sensibilisés à la réussite de leurs enfants, ne ménagent pas leurs efforts pour atteindre cet objectif.

Les conclusions de cette expérience, véritable test de marché, sont positives et en juin 2006, Teddy et Romain Passilly, un ami étudiant, créent Exam Plus sous la forme d'une SARL au capital de 7 500 €. Le démarrage est difficile, car, faute de capitaux et sans le soutien des banques qui ont refusé de s'engager, aucune étude de marché approfondie ne peut être réalisée. C'est donc en s'appuyant uniquement sur les compétences des professeurs d'INT Management et sur les anciens clients de l'association que l'entreprise fait ses premiers pas.

Le démarrage est difficile, car, faute de capitaux, aucune étude de marché approfondie ne peut être réalisée.

Au cours des mois qui suivent l'immatriculation de leur société, les deux associés structurent leur démarche entrepreneuriale. Ils définissent le rôle de chacun — Teddy prenant en charge le commercial, la gestion et les finances, Romain le marketing et les ressources humaines —, choisissent le statut de mandataire et arrêtent leur positionnement par rapport à la concurrence. « *Exam Plus a voulu se différencier des grands acteurs du marché en proposant un soutien individualisé à chaque élève, qui couvre l'essentiel des matières enseignées, et en proposant des durées d'engagement modulables et adaptées aux besoins spécifiques de chacun.* »

Les deux entrepreneurs prennent ensuite des locaux en location, créent leur site Internet et obtiennent un agrément simple après deux mois de démarches. Simultanément, ils lancent une action de communication (inscription dans l'annuaire PagesJaunes et distribution de *flyers* — « *même si rien ne vaut un bon bouche-à-oreille* », précise Teddy) et recrutent des intervenants pour assurer les missions de soutien scolaire à domicile (quatre cents entretiens sont nécessaires pour sélectionner quatre-vingts enseignants). Ces intervenants ont des profils très variés : professeurs à la retraite ou en activité, étudiants de grandes écoles, éducateurs spécialisés pour les élèves en difficulté, etc. « *Les clients apprécient particulièrement les professeurs à la retraite pour leur expérience pédagogique et les étudiants pour leur proximité intellectuelle avec les enfants* », indique Teddy.

Exam Plus lance une action de communication (inscription dans l'annuaire PagesJaunes et distribution de flyers), « même si rien ne vaut un bon bouche-à-oreille ».

Cette période d'ajustement a finalement été profitable et, lorsqu'en novembre 2006, l'entreprise lance ses premières opérations, elle le fait sur des bases saines et consolidées. Avec un noyau dur d'une vingtaine de professeurs qui facturent leur prestation entre 14 et 25 € l'heure, un portefeuille de soixante clients et une base prospects de plus de cent vingt références. Le panier moyen client en cette première année de démarrage variait de 700 à 800 € pour une durée d'engagement trimestrielle comprise entre vingt-quatre et trente-six heures.

Les prévisions de croissance ont été respectées. Après avoir réalisé un chiffre d'affaires de 190 000 € pour son deuxième exercice, la hausse de l'activité fait envisager à Teddy de frôler le cap du 1 000 000 € de chiffres d'affaires en 2009, grâce à la fidélisation de sept cents à huit cents clients et un panier unitaire qui a atteint 1 400 € cette même année.

Cette croissance s'est accompagnée d'un véritable effort de structuration de l'entreprise.

- Mise en place début 2009 d'un système d'information couvrant la gestion interne et le management de l'activité (démarche commerciale, planning et suivi des interventions et des intervenants, coaching et contrôle permanent du travail des élèves, etc.).
- Installation dans de nouveaux locaux à Paris intra muros et à Evry dans l'Essonne pour se rapprocher de nouvelles franges de clientèles.
- Renforcement de l'effectif administratif, pédagogique et commercial avec l'embauche de quatre personnes, notamment un conseiller pédagogique pour mieux qualifier les besoins des clients, améliorer l'orientation des élèves et déléguer les professeurs les plus aptes à satisfaire les attentes des clients, enfin une secrétaire pour la fonction accueil.
- Appel à des investisseurs privés pour assurer le financement des investissements et contribuer à la consolidation financière de l'entreprise.

Aujourd'hui, l'activité est structurée au sein de la société Entrapprendre, qui se compose de deux filiales opérationnelles spécialisées : Exam Plus, pour la préparation aux examens et le coaching scolaire, et Plus-que-parfait, pour le soutien scolaire.

Teddy est confiant dans l'avenir, car « *les clients veulent une solution très rapide qui corresponde à leur demande et choisissent une entreprise pour sa capacité à être réactive et efficace et à fournir une prestation personnalisée de qualité* ». Néanmoins, il est conscient que pour atteindre ses objectifs, il doit continuer à structurer son entreprise.

Trois ans après la création de sa société, Teddy peut tirer un premier bilan de son action et donne trois conseils à ceux qui auraient l'ambition de l'imiter.

- Il faut disposer d'une enveloppe financière suffisante pour réaliser les investissements indispensables : une étude de marché et un *business plan* détaillé, une adresse de qualité, un site Internet performant et ergonomique. « *Nous avons investi 1 400 € pour créer un site Internet sans obtenir de résultats probants. Il aurait fallu y consacrer 5 000 €. C'est une erreur de vouloir tout acheter au moindre coût : moins cher ne rime pas forcément avec efficacité. Cette notion de coût reste cependant toujours relative et doit toujours être mise en corrélation avec la stratégie de l'entreprise pour aider à prendre la décision la plus juste.* »

- Il convient de ne pas hésiter à se faire aider par des professionnels compétents, spécialistes de la création d'entreprise. « *Il faut parler de son projet à des experts. Cela permet de valider sa démarche, d'éviter des erreurs et, au bout du compte, d'accélérer le développement de l'entreprise.* »
- Enfin, il importe de constituer une équipe cohérente et motivée, avec des dirigeants aux compétences complémentaires qui partagent les mêmes objectifs, ainsi que des salariés motivés et fidélisés.

Votre projet prend forme

4

Vous êtes conforté dans votre volonté d'entreprendre et vous maîtrisez votre environnement professionnel, notamment grâce aux conclusions de l'étude de marché que vous avez effectuée. Votre projet a désormais une âme !

Il est temps de lui donner corps et d'entrer dans la phase active de création, en étudiant tout d'abord les différentes modalités d'installation qui s'offrent à vous, puis en choisissant les politiques de commercialisation et de gestion des ressources humaines que vous allez mettre en œuvre.

Tous ces éléments constituent les grands leviers d'action et les principaux postes budgétaires de toute société de SAP. Aussi est-il indispensable de procéder avec rigueur, car les erreurs commises dans ces domaines pourraient mettre rapidement en danger la viabilité de votre future entreprise.

Pour une installation réussie

Le choix des locaux

Quels locaux choisir ? Tout dépendra bien sûr de votre activité, de vos moyens financiers, de votre souci d'être visible ou non sur le marché, mais d'abord et surtout des contraintes de la réglementation.

Pour les activités de SAP qui relèvent de l'agrément facultatif, il est seulement demandé à l'entreprise de « *disposer de locaux qui permettent d'assurer ses missions et en particulier la coordination des prestations du personnel* », ce qui laisse un large éventail de choix.

Bien choisir son premier lieu d'installation est important, car tout changement par la suite peut brouiller votre image auprès de vos partenaires et clients.

En revanche, pour les activités qui relèvent de l'agrément qualité, les contraintes sont plus importantes. L'entreprise doit disposer de locaux administratifs dédiés à l'accueil téléphonique de la clientèle (assuré cinq jours sur sept et sept heures par jour) et de locaux spécifiques pour les réunions du personnel et l'organisation des missions. Notez que, bien que cela ne soit pas obligatoire, il est également recommandé de disposer de locaux pouvant accueillir le public.

Dans le cadre de ces exigences, différentes options sont possibles (attention à ne pas confondre choix d'un local et domiciliation sociale). Examinons-les ensemble.

Installer son entreprise chez soi

Vous démarrez dans les SAP et recherchez une solution pragmatique d'attente, car vos moyens financiers sont limités. Dans ce cas, vous pouvez choisir votre domicile comme base de départ de votre activité.

La loi de modernisation de l'économie du 4 août 2008 (article 13) a assoupli les conditions d'exercice à domicile :

- Si votre domicile est situé au rez-de-chaussée, vous pouvez domicilier votre entreprise et y recevoir la clientèle ou des marchandises à condition qu'il s'agisse de votre résidence principale, que vous y travailliez seul ou en famille, que le bail ou le règlement de copropriété le permette et que votre activité n'engendre aucune nuisance de voisinage. Pour le cas spécifique des HLM, outre l'autorisation obligatoire du maire, vous pouvez lui demander dans le cadre de votre activité de SAP, un changement partiel d'usage de votre habitation.
- Si vous habitez dans un appartement en étage, ces dispositions s'appliquent à l'exception de la réception du public ou des marchandises, qui vous est interdite.

Toutefois, malgré ces facilités offertes, il est difficile d'envisager cette solution à long terme, car vous vous heurterez aux contraintes de la réglementation si vous désirez embaucher du personnel ou développer des activités relevant d'un agrément qualité.

Installer son entreprise dans un local indépendant

C'est la solution la plus conforme aux contraintes de la réglementation.

Le local professionnel

La première option consiste à louer un local professionnel indépendant. Si vous choisissez de vous installer en location dans des bureaux, vérifiez auprès des autorités municipales que lesdits locaux relèvent bien du régime des baux commerciaux.

Quels seront vos droits et obligations ?

- Un bail commercial est conclu entre le propriétaire des murs (le bailleur) et l'entreprise (le locataire), pour une durée minimum de neuf ans renouvelable. Dans des cas très spécifiques, il est possible de conclure des baux de courte durée, limités à vingt-quatre mois, voire des conventions d'occupation précaire.
- Le locataire a le droit de demander le renouvellement du bail au bout des neuf ans. C'est l'occasion de revoir les conditions financières du contrat ou de réclamer une indemnité d'éviction en cas de refus.
- En contrepartie, le locataire peut résilier le bail au terme de chaque période triennale, sauf clause expresse contraire. Cette résiliation libère le bailleur du paiement de toute forme d'indemnité d'éviction.

La sous-location auprès d'une entreprise titulaire d'un bail commercial peut représenter une solution intéressante pour s'installer. Dans ce cas, l'entreprise sous-locatrice devra recueillir l'accord préalable du bailleur par lettre ou par avenant. Si le propriétaire des murs est une personne différente du bailleur, l'entreprise l'avertira aussi par voie d'huissier ou par lettre recommandée avec accusé de réception de son intention de sous-louer, et lui demandera d'être partie prenante au contrat de sous-location.

Les centres d'affaires

Il est aussi possible de partager des locaux avec d'autres entreprises en intégrant un centre d'affaires. Outre la location de locaux, ces centres offrent le plus souvent d'autres prestations d'ordre commercial (comme la mise à disposition de salles de réunion fonctionnelles équipées en mobilier, matériel informatique et de communication) ou logistique (accueil et permanence téléphonique sous toutes ses formes, réception du public, secrétariat, etc.).

Les pépinières d'entreprises

Enfin, vous pouvez faire appel aux pépinières d'entreprises. C'est une solution temporaire pour des entreprises en démarrage, désirant mutualiser avec d'autres jeunes sociétés certaines charges fixes qui constituent souvent un frein au développement.

Cette installation en pépinière est soumise à l'approbation d'un comité d'agrément réunissant des chefs d'entreprises et des experts, tous spécialistes de la création d'entreprise. Elle ne prendra fin que lorsque l'entreprise aura atteint un degré suffisant d'autonomie pour s'installer définitivement dans ses propres bureaux en location traditionnelle.

Concrètement, des locaux dotés de tout l'équipement matériel et logistique nécessaire à un bon fonctionnement, identique à celui rencontré dans les centres d'affaires, sont mis à disposition des créateurs à un prix inférieur à ceux du marché. De plus, les pépinières offrent aux jeunes entrepreneurs un soutien sous forme d'assistance personnalisée, de formation et de conseil dans les domaines juridique, comptable, fiscal, bancaire et commercial.

> D'autres solutions existent, comme les hôtels d'entreprises, qui appartiennent à des personnes privées ou à des communes. Ils sont constitués de bureaux dédiés le plus souvent à de jeunes entreprises de services, qui les occupent dans le cadre d'un bail précaire limité à vingt-trois mois.

Les assurances professionnelles

En tant qu'entrepreneur dans le secteur des SAP, vous serez en permanence au contact de la clientèle, avec le risque de voir un jour un client insatisfait entamer une action judiciaire en responsabilité contre vous. Il est donc important pour votre tranquillité et votre sécurité d'exercice de vous assurer.

De nombreux types d'assurances existent. Trois d'entre eux vous permettront d'être convenablement couverts dans l'exercice de votre profession :

- L'assurance responsabilité civile, le plus souvent incluse dans l'assurance de vos biens professionnels dite « multirisque », couvre les dommages causés à vos clients ou à des tiers dans le cadre et l'exercice de votre activité professionnelle.
- L'assurance protection juridique couvre les frais de justice et l'assistance d'un avocat dans le cas d'un conflit avec un salarié, un client ou avec l'administration.
- Enfin pour sécuriser votre gestion d'entreprise et vous prémunir contre les aléas d'une mauvaise conjoncture économique et une baisse de chiffre d'affaires, vous pouvez souscrire une assurance « pertes d'exploitation »

L'équipement professionnel

La création d'une entreprise de SAP ne nécessite au démarrage qu'un investissement en mobilier de bureau peu important, puisque le travail quotidien s'effectuera chez les clients. Votre besoin sera d'autant plus faible que vous aurez choisi de vous installer dans un centre d'affaires ou une pépinière d'entreprises.

L'effort d'investissement se portera surtout sur les moyens de transport (une fourgonnette ou un véhicule commercial peuvent être loués ou financés par crédit-bail ou par location financière), puis sur les équipements de reproduction et de télécommunications.

Vous vous doterez également d'un ensemble de téléphonie/fax performant, couplé à une configuration informatique adaptée (postes de travail connectés en réseau à un serveur avec imprimantes et connexion Internet haut débit, et systèmes de sauvegarde). Cette configuration devra disposer d'une puissance suffisante pour permettre l'installation et l'utilisation aisée de logiciels spécifiques à la gestion opérationnelle d'une entreprise de SAP. Grâce à eux, vous pourrez effectuer aisément le suivi :

- des clients (état-civil, cadre familial, type d'intervention et salariés dédiés, cadre de facturation, conditions de paiement, etc.) ;
- des salariés (état-civil, cadre contractuel, cadre d'intervention, compétences, planning de travail et des vacances, gestion des remplacements, etc.) ;
- des facturations prestataires et mandataires ;
- des plannings de travail à fréquence quotidienne, hebdomadaire ou mensuelle, avec traitement des absences et des heures supplémentaires ;
- des intermédiaires, prestataires et partenaires publics et privés.

Des entreprises comme Apologic, Medisys, Guillaume Informatique ou Infologis sont spécialisées dans l'édition de logiciels dédiés aux SAP, intégrant logiciel métier (suivi des interventions) et logiciel de gestion (comptabilité, paye, ressources humaines).

Les investissements nécessaires pour débuter

Le tableau suivant présente les montants minimums des principaux postes d'investissement indispensables pour démarrer une entreprise de SAP. Les budgets totaux d'investissement varieront bien sûr en fonction de l'activité choisie et du volume d'équipement nécessaire.

Les principaux postes d'investissement

Frais de création et d'installation (aménagements et loyer annuel) et d'assurance	Coût moyen des équipements	Frais de publicité, de communication et de recrutement	Autres dépenses
De 5 000 € pour une installation chez soi à 16 000 € dans un local de 40 à 50 m²	Informatique (matériel et logiciels), bureautique, téléphonie : 5 000 à 10 000 € Véhicule automobile en crédit-bail : 7 000 à 10 000 € par an	15 000 à 25 000 € par an	Formation du chef d'entreprise : 2 000 à 5 000 € Étude de marché et *business plan* : 8 000 à 15 000 € Préparation à la certification[1] : environ 2 000 €

La commercialisation des services à la personne

À la différence des produits de consommation, les SAP sont des prestations immatérielles et transitoires. Leur appréciation par les clients reste donc essentiellement subjective.

Ces caractéristiques déterminent de façon très importante la nature de la commercialisation à mettre en place. Plus que sur les qualités intrinsèques et objectives d'un produit, la commercialisation des SAP devra s'appuyer sur un ensemble de politiques (identité de l'entreprise, type de communication, réseau de distribution, démarche qualité) qui auront pour but de convaincre les prospects du sérieux des prestations proposées et de les transformer en clients satisfaits et donc fidèles.

1. Lire « L'approche qualité » dans le même chapitre.

L'identité visuelle de votre entreprise

L'identité visuelle de votre entreprise joue un rôle considérable dans votre politique de commercialisation, car elle « matérialise » votre offre de services.

Elle se construit progressivement au fil des années et dépend de plusieurs facteurs, tels que le renom et les références de l'entreprise ou le profil et la personnalité du créateur. Quatre actions doivent cependant être initialisées dès la phase de lancement.

- **Trouver une dénomination sociale** : dans le secteur des SAP, il est important que ce nom soit le plus rapidement et le plus souvent possible assimilé à une marque, synonyme de prestations bien définies et de qualité. Donner votre nom de famille à votre entreprise présente peu d'avantages, car, sauf à travailler seul, ce n'est pas vous qui réaliserez effectivement les prestations. Mieux vaut vous effacer derrière une dénomination qui traduise bien votre activité et permette à votre personnel de développer un sentiment d'appartenance à l'entreprise.
- **Définir et créer un logo** : cette tâche complexe mérite l'assistance de spécialistes, car la forme choisie, les caractères utilisés et les couleurs employées influent sur la perception et l'interprétation du public.
- **Construire une *base line*** : il s'agit d'une courte phrase qui résume en quelques mots ce que vous faites et ce que vous êtes. Ce slogan publicitaire prend aujourd'hui une importance particulière pour deux raisons essentielles. Tout d'abord, il devient très difficile de trouver un nom de marque non déposé et suffisamment clair pour ne pas commettre de confusion sur l'activité exercée.

Pour concevoir l'identité visuelle de son entreprise (nom, logo, base line, cartes de visite) et la décliner sur des supports physiques de communication, le recours à une agence de communication requiert un investissement de l'ordre de 6 000 à 8 000 €.

Par ailleurs, dans une époque en « quête de sens », un slogan reste plus parlant qu'une simple dénomination. Ici aussi, mieux vaut se faire aider par des experts.

- **Concevoir une « carte de visite »**, sous forme de brochure ou de dépliant. Ce support vise à compléter l'identification de l'entreprise et sert surtout, en étant largement diffusé, d'« aide-mémoire » aux clients et partenaires qui souhaiteraient contacter votre entreprise.

Communiquer à bon escient

Avant même de communiquer, il est important d'entamer un travail d'analyse de vos clients et prescripteurs, afin de définir une stratégie de communication adaptée à vos activités. Ainsi, une société de soutien scolaire ciblera les parents ou les grands-parents plutôt que les élèves des collèges ou lycées.

Les activités de SAP étant souvent nouvelles dans le paysage local, elles souffrent d'un fort déficit de notoriété. Votre budget de communication devra donc représenter au moins 20 % de votre budget initial et de 8 à 10 % du chiffre d'affaires prévisionnel pendant vos trois premières années d'existence. Le but de cet investissement est de conforter l'implantation de votre entreprise auprès des prescripteurs locaux et des enseignes nationales, et de résister à la concurrence inévitable dans un secteur porteur qui aiguise de nombreux appétits.

Durant la première année d'activité de votre entreprise, vous devez consacrer environ 25 % de votre temps à la communication.

Même si vous définissez un programme de communication annuel, il vous faudra allouer les montants dédiés à ce domaine sur les périodes où le besoin de la clientèle est le plus prégnant. Ainsi, la communication liée au jardinage s'intensifiera au printemps, celle pour le soutien scolaire au début du deuxième trimestre et celle liée à la garde d'enfants au mois de septembre.

Établir un plan média avec l'aide d'un professionnel, pour sélectionner les meilleurs supports de communication, ne coûte pas moins de 5 000 à 6 000 €.

Les techniques de communication à la disposition des entreprises de SAP sont nombreuses : encarts publicitaires, marketing direct, réseaux de partenaires, etc. Encore faut-il savoir les utiliser à bon escient…

Les encarts publicitaires

Même s'ils sont chers, les encarts publicitaires dans la presse écrite se révèlent utiles, surtout lors du démarrage de l'activité. La presse locale, qui s'adresse à un large public sur un territoire bien délimité, convient tout à fait, tout comme les magazines thématiques spécialisés ou les journaux d'annonces gratuits qui permettent de toucher un très large public grâce à une grande diffusion.

Lorsque l'entreprise aura acquis des moyens financiers suffisants, une montée en puissance en matière d'affichage publicitaire sera à envisager, *via* des campagnes dans des lieux à forte fréquentation comme le métro des grandes villes, les gares, les aéroports, etc.

Le marketing direct

Moins coûteux, le marketing direct est sans aucun doute l'outil de communication à privilégier. Il peut être différencié ou indifférencié.

Les supports différenciés

Ce sont des messages nominatifs envoyés à des clients ciblés, dans le but de recevoir une réponse rapide à la sollicitation émise (un coupon-réponse est le plus souvent joint à l'envoi).

- **Le publipostage**, qui consiste à adresser aux particuliers un dépliant, une brochure ou un catalogue accompagné d'une lettre personnalisée, en constitue l'exemple type. Il est nécessaire d'accorder une grande attention à la conception des documents : le texte doit être personnalisé (adressé à une personne clairement identifiée), rédigé dans un style direct, simple et compréhensible et contenir une proposition commerciale claire et attrayante en termes de prix, de qualité, d'innovation et de facilité d'acquisition.

Même si les résultats d'un publipostage peuvent être multipliés par douze s'il est couplé à une bonne relance téléphonique, cette solution reste onéreuse. Ne comptez pas moins de 600 à 700 € pour la réalisation de 10 000 exemplaires d'une brochure personnalisée de qualité, auxquels il faut ajouter au moins 400 € de frais de distribution.

- **L'e-mailing** est une technique récente qui a pris son essor avec l'augmentation du taux d'équipement des foyers en ordinateurs personnels et en abonnement à Internet. Aujourd'hui, presque 50 % des foyers français possèdent une adresse électronique et peuvent être contactés *via* ce média.

L'e-mailing permet de procéder à des envois en masse (500 000 messages en une heure), pour un coût peu élevé. Comptez un budget d'environ 2 000 €.

Pour la réalisation pratique des envois, il est possible de faire appel à des prestataires extérieurs spécialisés comme Mediapost ou Maileva, ou de se procurer un logiciel d'e-mailing à télécharger sur Internet pour un prix modique (comme Cabestan, Sarbacane ou GroupMail Pro).

- **Le télémarketing et les SMS** constituent aujourd'hui les deux principales formes de communication par téléphone. Le télémarketing vise à entrer en contact direct avec un prospect ou un client, en l'appelant chez lui et en instaurant une relation de proximité et d'échange personnalisé. Il repose sur l'utilisation d'un poste de travail bien organisé et ergonomique (un ordinateur relié par modem au réseau téléphonique) et sur un bon argumentaire. Une campagne *via* SMS est également possible, l'intérêt de ce mode de communication résidant surtout dans l'obligation qu'ont les prospects d'ouvrir les messages reçus avant de pouvoir les effacer.

Un bon argumentaire est articulé autour d'une présentation concise et dynamique du service et accompagné des réponses aux objections éventuelles.

Les supports indifférenciés

Ils sont distribués de façon aléatoire, mais en plus grand nombre, à un public non sélectionné. On trouve parmi eux deux catégories.

- **Les prospectus distribués dans la rue** sont placés sous les essuie-glaces des voitures ou disposés dans les lieux publics. Peu chers, ils offrent un taux de retour de l'ordre de 3 %, pour peu que l'on prenne la peine de ne pas les diffuser de façon anarchique, mais de choisir intelligemment les heures et la fréquence de distribution et surtout l'accroche du message (graphisme, taille, couleur, etc.).
- **Les *flyers***, ou imprimés sans adresse, sont **distribués dans les boîtes aux lettres**. En utilisant les techniques de géomarketing (sélection de quartiers ou de rues sur la base de critères précis liés au profil de la clientèle visée), il est possible de s'adresser à des cibles mieux définies et de générer de fait des taux de retour plus importants.

La création, l'impression et la distribution de 5 000 *flyers* coûtent environ 600 €.

Pour accroître votre crédibilité, pensez également à insérer des témoignages de clients ou de personnalités connues.

Le texte des prospectus et des *flyers* est déterminant. Il doit énoncer brièvement les services proposés et indiquer de façon très visible l'adresse et le numéro de téléphone de votre entreprise, les personnes à contacter et éventuellement votre site Internet et les labels de qualité obtenus.

La communication en réseaux

Au-delà des encarts publicitaires et du marketing direct, il est aussi possible de communiquer à partir des clients existants ou de prescripteurs extérieurs.

- Le bouche-à-oreille entre vos clients et leurs connaissances est particulièrement efficace, car dans le domaine des SAP, la confiance est essentielle. Il est bien sûr difficile de maîtriser ce type de communication, par nature informelle. Aussi votre objectif doit-il être de vous assurer de la satisfaction permanente de vos clients.
- Les opérations de parrainage permettent de toucher des franges de clientèle qui sortent des circuits habituels de prospection. Ce système est fondé sur la rémunération, sous forme de prime, de bon de réduction ou de points d'achat, de tout client qui fournit les coordonnées d'une de ses connaissances. Ce système est coûteux, surtout en phase de démarrage, mais il n'est pas à négliger, car il contribue à l'élargissement du potentiel de clientèle à moyen terme.
- Les prescripteurs (médecins, infirmiers à domicile, assistantes sociales pour les activités d'aide aux personnes âgées, vétérinaires pour les promenades d'animaux, paysagistes pour le jardinage, puéricultrices et instituteurs pour la garde d'enfants ou le soutien

scolaire) sont d'excellents vecteurs pour vous faire connaître. N'hésitez pas à mettre en place un plan d'action pour atteindre ces partenaires précieux (laissez des documents dans leurs locaux) et les choyer.

- Les relations avec la presse, dont notamment les interviews par des journalistes publiées dans des magazines spécialisés ou les journaux locaux, sont de bons moyens de communiquer, à condition de vous y préparer de façon professionnelle. Constituez pour cela un dossier de presse avec des photos et quelques textes clairs et attractifs sur le concept et le contenu de votre offre.

Avec un budget de 5 000 à 6 000 €, vous pourrez vous adjoindre les services d'une agence de presse qui contribuera à faire parler de votre entreprise dans les journaux et magazines.

Les sites Internet

Internet constitue aujourd'hui un média incontournable pour toute entreprise de SAP. Un site d'information peut suffire au début : construit comme un catalogue, il contient une présentation générale de l'entreprise, de l'offre de services et des modalités de commercialisation (contacts, tarifs, engagements, etc.).

Quelle que soit l'étendue des opérations proposées via Internet, assurez-vous en permanence de la « fraîcheur » de l'information publiée. Pour optimiser l'impact de votre site, veillez aussi à le référencer auprès des principaux moteurs de recherche.

L'appui des pouvoirs publics : le « 32 11 et l'annuaire des organismes agréés »

Lancé en mars 2007, le « 32 11 » est un numéro de téléphone unique mis en place par les pouvoirs publics pour aider les particuliers à trouver des prestataires agréés en urgence (par exemple une repasseuse, une aide à domicile pour personnes âgées ou encore un jardinier). Il permet aussi de répondre aux questions concernant les avantages fiscaux, le paiement par Cesu, etc.

Facturé pour le prix d'un appel local depuis un poste fixe, le « 32 11 » est accessible du lundi au samedi de 7 heures 30 à 21 heures.

En quelques minutes, un particulier peut ainsi recevoir par téléphone ou par courrier électronique la liste des prestataires proposant le service recherché dans un rayon de quinze kilomètres autour de chez lui.

Depuis le mois de mai 2008, un annuaire des organismes agréés, nouvel outil de promotion et de publicité gratuite, a été mis en place par les DDTEFP. Cet annuaire recense les entreprises de SAP qui se sont inscrites en renseignant une fiche détaillée. Il est accessible à vos futurs clients sur l'Extranet « nOva » ou en appelant les conseillers clientèle au 32 11.

La politique de distribution

Si chaque chef d'entreprise reste libre de déterminer sa politique et ses méthodes de distribution, il peut aussi décider de rejoindre soit les plates-formes d'information régionales ou locales soit des enseignes nationales. Ces différentes structures sont des réseaux organisés autour d'une mise en commun de moyens et d'une mutualisation des actions d'information et de communication.

Les plates-formes régionales ou locales

Plusieurs plates-formes régionales ou locales ont été créées par des opérateurs ou à l'initiative d'entreprises indépendantes. Il s'agit essentiellement de centres de renseignements téléphoniques ou opérant de plus en plus *via* Internet. Ils répertorient les principaux opérateurs sur un territoire donné et fournissent les coordonnées de ces derniers aux clients.

Les enseignes nationales

Créées par de grands groupes de l'économie sociale ou privée, les enseignes nationales ont une approche beaucoup plus globale qui dépasse la simple fourniture d'informations et qui visent à regrouper des opérateurs de SAP autour de critères de qualité et de fiabilité sous une marque ou un label reconnu à l'échelle nationale. Les enseignes, au travers de leur plate-forme téléphonique, évaluent le besoin et proposent aux clients le ou les prestataires susceptibles d'intervenir.

Elles peuvent alors selon les cas :

- Organiser directement la mission en la confiant à un opérateur sélectionné dans ses fichiers et en facturant aux clients les heures d'intervention (ceux-ci bénéficient alors des avantages fiscaux liés à l'agrément dont ils sont titulaires).
- Limiter leur intervention à la mise en relation des clients avec le prestataire susceptible de répondre à la demande (dans ce cas, les clients contractent directement avec l'opérateur labélisé et proposé par l'enseigne).

p. 20

Pour ce faire, ces enseignes constituent un réseau homogène d'entreprises couvrant une zone géographique permettant d'intervenir à proximité immédiate des clients. Elles offrent un panel de services suffisamment large pour couvrir la totalité des demandes.

Les enseignes peuvent opérer une sélection très pointue ou privilégier une offre très large.

Les entreprises qui désirent adhérer à une enseigne doivent suivre une procédure dite *de référencement* sur la base de cahiers des charges détaillés. Certaines enseignes déterminent elles-mêmes leurs critères de référencement et gèrent leurs propres procédures. D'autres s'appuient d'une part sur des organismes chargés de valider le niveau de qualité atteint, les dysfonctionnements constatés et les points d'amélioration nécessaires et d'autre part sur des tests à l'aveugle et des appels de « clients mystères ». Un référencement complet dure habituellement un mois.

L'Agence Nationale des Services à la Personne peut intervenir pour accompagner le démarrage d'une enseigne si celle-ci satisfait à un ensemble de critères : couverture nationale rapide, qualité globale du projet et des services proposés, viabilité économique du projet, création d'emplois induite, degré de professionnalisation, etc.

En matière de rémunération des enseignes nationales, différentes méthodes existent :

- le paiement par les adhérents de frais de dossier ou d'une cotisation mensuelle ;
- la mise en place d'un numéro de téléphone surtaxé ;
- la rétrocession d'une partie du chiffre d'affaires généré (entre 2 et 7 % selon les enseignes).

L'approche qualité

La qualité de mise en œuvre des prestations de SAP est un levier important du message commercial, car elle rassure les clients sur une offre qui reste avant tout immatérielle.

Cette qualité sera atteinte grâce à l'adoption d'une organisation interne et de règles de gestion rigoureuses, afin d'encadrer les salariés dans l'exécution de leurs tâches. Elle pourra être certifiée par des organismes de contrôle extérieurs et indépendants.

Concrètement, la certification porte sur l'ensemble des phases de la relation client : de l'accueil du public à l'offre de services, en passant par la contractualisation, la mise en œuvre de l'intervention, le paiement de la prestation et son suivi. Il s'agit ainsi d'une démarche complexe, méritant souvent l'accompagnement d'un consultant expert (ce qui, de fait, représente un coût non négligeable). Il vous appartient donc d'en apprécier l'opportunité et de choisir le moment adéquat pour la mettre en œuvre. Cela suppose en effet trois éléments.

- Un long travail préparatoire associant direction et personnel pour analyser les pratiques de fonctionnement de l'entreprise et constituer un groupe de travail dédié.
- La détermination d'un diagnostic fondé sur une analyse des écarts entre les exigences d'un « référentiel qualité » officiel précisant les obligations à respecter pour être certifié et la situation réelle de l'entreprise.
- La mise en place des mesures nécessaires pour remédier aux non-conformités observées.

Deux types de référentiels qualité peuvent être choisis par les entreprises de SAP : le référentiel Qualicert « prestations de services à la personne » et le référentiel de la norme Afnor NF X 50-056.

Le référentiel Qualicert

Élaboré par SGS ICS en 1999 à l'initiative du Syndicat des Entreprises de Services à la Personne (SESP), le référentiel Qualicert « prestations de services à la personne » marque la volonté effective des entreprises du secteur privé de devenir des acteurs importants du marché, jusque-là largement contrôlé par les associations.

L'ANSP, en collaboration avec l'Agence Nationale de l'Amélioration des Conditions de Travail (ANACT), a mis en place, à compter du 21 janvier 2008, un programme de soutien à la modernisation des structures agréées dénommé « THETIS ». Ce dispositif, qui s'adresse aux structures agréées qui peuvent et veulent s'engager dans une démarche de certification de la qualité, s'organise autour d'un accompagnement centré sur l'amélioration de l'organisation, de la gestion administrative et financière, des conditions de travail et de la prévention des risques professionnels et de la qualité des prestations fournies.

Ce référentiel définit les engagements que doivent prendre les entreprises en matière de qualité de service apportée à leurs clients, notamment pour ce qui concerne, l'accueil, le contenu de l'offre de services, le profil et la compétence des intervenants et le suivi des interventions.

Par ailleurs, ce référentiel :

- S'adresse à l'ensemble des entreprises, qu'elles interviennent comme prestataires ou comme mandataires.
- Couvre l'ensemble des prestations de services réalisées au domicile ou dans l'environnement proche du domicile et concerne toutes les catégories de public.
- Recense et définit les « caractéristiques » qui détaillent les différentes phases de la relation client et les mesures à adopter pour satisfaire aux exigences d'une prestation de qualité.

En septembre 2008, une nouvelle version de ce référentiel a vu le jour. Outre les cinquante et un engagements obligatoires caractérisant les prestations opérationnelles, vient s'ajouter un tronc optionnel de quatorze engagements concernant l'organisation fonctionnelle de l'entreprise (politique commerciale et descriptif des prestations proposées, gestion administrative et management des ressources humaines, etc.).

La procédure de certification, décrite dans un document intitulé « plan de contrôle interne » annexé au référentiel, comprend :

- l'étude de la validité de la demande et de la complétude des pièces présentées par l'entreprise ;
- la réalisation d'un audit de conformité avec les normes définies dans le référentiel, sur la base de contrôles de différents types (visites sur le terrain pour vérifier les documents et les moyens d'exploitation, entretiens avec le personnel, appels de « clients mystères », etc.).

Lorsque la conformité est avérée, le comité de certification délivre une certification valable trois ans. Durant cette période, l'organisme certificateur assure une « surveillance du certificat », en procédant à au moins deux contrôles inopinés portant sur le suivi des règles de certification.

Les prestataires certifiés V3 avec option peuvent apposer sur leurs supports d'identification la mention « services à la personne +++ ».

Le référentiel Afnor NF X 50-056

La norme Afnor NF X 50-056 est la réponse des grands réseaux associatifs à l'initiative du Syndicat des entreprises de SAP. Les associations qui s'adressaient prioritairement à des publics âgés et fragiles désiraient en effet disposer de leur propre référentiel de qualité. Cette norme a été finalisée en 2000 après une large concertation entre tous les acteurs concernés (associations, mais aussi entreprises, clients, pouvoirs publics, organismes sociaux et organismes de financement publics et privés).

> Plus de 245 structures dédiées aux SAP ont satisfait aux obligations de la norme Afnor NF X 50-056 et ont obtenu le certificat NF Service « Services à la personne à domicile ».

Ce document consensuel a fait l'objet d'une procédure officielle d'homologation par l'Afnor, ce qui lui confère un caractère officiel et national, mais le laisse au même niveau d'exigence que le référentiel Qualicert pour l'obtention de la certification. Ses qualités, reconnues par l'ISO (organisation internationale de normalisation), en font un outil de référence.

Ce référentiel possède les caractéristiques suivantes.

- Il s'adresse à l'ensemble des entreprises, qu'elles interviennent en mode prestataire ou mandataire.
- Il couvre l'ensemble des activités de SAP relevant du Plan de Développement, mais aussi les services de soins infirmiers autorisés par la loi, afin de permettre la prise en charge des personnes fragiles qui ont besoin concomitamment de services d'aide à domicile et de soins infirmiers.
- Il concerne toutes les catégories de public, tant celles relevant de l'agrément qualité que celles relevant de l'agrément simple.
- Il recense et définit, d'un point de vue chronologique, les différentes phases de la relation client et les mesures à adopter pour satisfaire aux exigences d'une prestation de qualité.
- Il prend particulièrement en compte l'aspect déontologique et met en avant le respect que l'entreprise et les salariés doivent avoir vis-à-vis du particulier, *a fortiori* lorsqu'il s'agit de personnes âgées, handicapées ou fragiles.
- Enfin, il intègre certaines interventions complexes, touchant des publics âgés ou fragiles qui méritent un traitement spécifique.

La procédure de certification est décrite dans un document intitulé « règles de certification ». Elle inclut trois éléments.

- La rédaction d'un « dossier qualité » pour juger de la recevabilité de la demande de l'entreprise. Ce document établi par Afaq/Afnor Certification prend en compte, selon une méthodologie précise, les moyens mis en place par l'entreprise en matière d'organisation, de logistique et de ressources humaines pour assurer une qualité de service conforme aux normes du référentiel.
- La réalisation d'un audit de conformité avec le référentiel, sur la base de contrôles de différents types — semblables à ceux de la procédure Qualicert, avec cependant des différences pour les organismes possédant plusieurs sites d'exploitation.
- La mesure de la satisfaction de la clientèle pour contrôler le niveau de perception de la qualité des prestations effectuées et vérifier que ce niveau de qualité correspond bien aux attentes des clients.

L'attribution de la certification est faite par le directeur d'Afaq/Afnor Certification. Ce certificat est valable trois ans, avec un renouvellement tous les deux ans. Des contrôles de conformité sont effectués ensuite tous les ans ; leur contenu diffère selon le nombre de sites de l'entreprise.

Le personnel

Dans le secteur des SAP, bien choisir son personnel, le former aux besoins de l'entreprise et aux attentes des clients, et enfin le motiver pour le fidéliser constituent des facteurs clés de succès.

Préalablement à toutes ces actions, il est recommandé de bien définir la structure hiérarchique de l'entreprise ainsi que les profils de qualification des postes, de façon à encadrer les opérations concrètes de recrutement, de formation et de motivation qui seront menées.

Commencez par **établir une chaîne hiérarchique**. Dans les SAP, un risque du chef d'entreprise est de se trouver en prise directe avec de trop nombreux collaborateurs. Pour surmonter cette difficulté, qui engendre des dérives dans le fonctionnement et le management quotidiens, prévoyez dès la phase de démarrage des postes d'encadrement intermédiaire qui seront pourvus selon la montée en puissance de l'entreprise. Ce personnel d'encadrement devra posséder les compétences techniques liées au métier sanctionnées par un diplôme reconnu ou une expérience significative. Il est également indispensable qu'il dispose d'aptitudes à la gestion et au management, afin de contrôler l'application des orientations stratégiques et opérationnelles décidées par la direction de l'entreprise.

Faut-il choisir la voie de la polyvalence ou celle de la spécialisation du personnel ?

La réponse est à apporter au cas par cas, en fonction des spécificités et du domaine d'activité de chaque entreprise.

Vous **définirez ensuite la grille de qualification nécessaire pour pourvoir les différents postes**. Distinguez les emplois nécessitant du personnel diplômé, de ceux pouvant être assurés par des employés non diplômés mais expérimentés, et enfin des postes ne requérant ni diplôme ni expérience préalable. Cette définition servira de cadre lors de l'embauche et de la formation des employés.

Comment bien choisir son personnel ?

Sur un marché du travail, actuellement marqué par une pénurie de demandeurs d'emploi qualifiés en SAP, trouver le ou les bons employés constitue un véritable parcours du combattant.

La difficulté est d'autant plus élevée que les textes législatifs et réglementaires servant de cadre au secteur (notamment la circulaire 2005-2 de l'Agence Nationale des Services à la Personne) imposent en l'espèce des contraintes et des obligations spécifiques. C'est pourquoi trouver et recruter de bons collaborateurs doit être regardé non seulement comme une action prioritaire, mais aussi comme un véritable investissement, que ce soit pour l'embauche de vos premiers employés comme lors de la montée en puissance de votre entreprise.

Définissez le profil visé

La première tâche à réaliser consiste à qualifier le besoin en rédigeant une fiche de poste. Ce document décrit d'une part le contenu du poste et les qualités demandées à l'employé en termes de personnalité, de « savoir être », de compétences professionnelles, de formation et d'expérience, et d'autre part ce qui lui est proposé en termes de responsabilités opérationnelles et d'encadrement, de salaire et d'évolution de carrière.

En matière de formation et d'expérience, aucun diplôme n'est spécifiquement exigé, à l'exception des travailleurs sociaux que sont les techniciens de l'intervention sociale et familiale (TISF) et des employés opérant dans les activités soumises à agrément obligatoire. Pour ces derniers, des qualifications précises dans le secteur d'activité où ils interviennent sont exigées :

- une compétence attestée par un diplôme ;
- ou une expérience professionnelle de trois ans minimum ;
- ou un contrat aidé par l'État assorti d'une formation professionnelle complémentaire.

p. 200

Une formation d'adaptation à l'emploi sera associée à une formation qualifiante pour tous les nouveaux embauchés non diplômés et sans expérience professionnelle.

Le tableau récapitulatif ci-après détaille les prérequis professionnels et humains pour différents types d'activités (relevant de l'agrément simple ou de l'agrément qualité), ainsi que les diplômes actuellement délivrés.

Procédez à la recherche de candidats

À partir d'une centaine de candidatures reçues, il est nécessaire en règle générale de sélectionner et de rencontrer au minimum une dizaine de candidats pour pourvoir un poste. Cela vous oblige à utiliser toutes les méthodes de recherche possibles.

- Il s'agit d'abord des plus traditionnelles (recours au Pôle Emploi, sites d'emploi sur Internet, agences d'intérim, cabinets de recrutement, presse spécialisée, syndicats professionnels).
- Il s'agit aussi des plus récentes, comme le fait de demander aux employés déjà en poste, contre rémunération, de vous présenter et de parrainer des candidats à l'embauche. Cette dernière méthode s'avère particulièrement efficace, car les employés connaissent bien les spécificités du poste, la culture de l'entreprise et donc le profil gagnant recherché.

L'ANPE (aujourd'hui Pôle Emploi) et l'ANSP ont signé le 30 août 2006 un accord de partenariat pour aider les opérateurs du secteur des SAP à recruter du personnel qualifié.

Le Pôle Emploi met à la disposition des entreprises une méthode de recrutement par simulation, ainsi que d'autres outils adaptés à la recherche de cette population d'employés.

Par ailleurs, le Pôle Emploi et l'ANSP travaillent en commun sur la VAE des employés du secteur et des demandeurs d'emploi et mettent en avant les fiches emploi du ROME (répertoire opérationnel des métiers et emplois) du secteur des SAP.

Conditions préalables aux différents métiers des SAP

Métiers concernés	Diplômes	Savoir-faire	Qualités
Assistance à domicile aux personnes âgées, dépendantes et handicapées (assistance générale, garde-malade, assistance aux malentendants, soins esthétiques à domicile)	Diplôme d'État d'Auxiliaire de Vie Sociale (DEAVS) Diplôme d'État Aide Médico-Psychologique (AMP) Diplôme d'État de Technicien de l'Intervention Sociale et Familiale (DETISF) Bac professionnel « accueil et services » ou « services de proximité et vie locale » BEP « carrières sanitaires et sociales » mention « aide à domicile » BEPA spécialisé « services à la personne » Certificat d'Aptitude aux Fonctions d'Aide à Domicile (CAFAD) Certificat d'aptitude aux fonctions d'aide médico-psychologique (AMP) CAP en économie, sanitaire et social CAP assistant technique en milieu familial et collectif Diplôme d'assistant de vie délivré par l'AFPA Diplômes spécialisés : diplôme délivré par l'association du langage parlé pour l'assistance aux malentendants, CAP d'esthéticienne pour les soins à domicile, etc. **OU** Expérience professionnelle transformée en diplôme dans le cadre de la VAE	Assistance des personnes dans les tâches et activités de la vie courante : – réalisation des tâches ménagères (préparation des repas, repassage, ménage, etc.) ; – assistance à la personne (toilette, habillement) ; – assistance administrative (démarches et formalités administratives de tout ordre).	Rigueur Patience Discrétion Grande disponibilité Empathie Sens de l'hygiène et de la sécurité

<table>
<tr><th>Métiers concernés</th><th>Diplômes</th><th>Savoir-faire</th><th>Qualités</th></tr>
<tr><td>Assistance aux publics fragiles (assistance administrative à domicile et cours à domicile)</td><td>Pas de formation obligatoire pour ces activités non réglementées, qui demandent toutefois une réelle expertise des procédures administratives et de l'organisation interne et des circuits décisionnels des diverses administrations
Une expérience préalable de l'enseignement pour les cours à domicile est préférable</td><td>Bonne connaissance du droit de la famille (aspects fiscaux et sociaux, immobilier, etc.)
Aisance rédactionnelle et connaissance des différents types de courriers destinés à l'Administration</td><td>Rigueur et méthode
Discrétion
Capacité à communiquer
Sens de l'écoute
Sens de la pédagogie</td></tr>
<tr><td>Garde d'enfants de moins de 3 ans à domicile</td><td>BEP ou CAP en économie, sanitaire et social
CAP « petite enfance »
CQP garde d'enfants à domicile
Diplôme d'auxiliaire de puériculture
Bacs professionnels et BTS spécialisés
OU
Expérience professionnelle transformée en diplôme dans le cadre de la VAE</td><td>Assistance des enfants dans les tâches et activités de la vie courante, mais aussi dans les activités d'éveil
Réalisation des tâches ménagères (préparation et prise des repas, entretien des locaux, etc.)
Assistance à la personne (toilette, habillement, etc.)
Assistance aux activités ludiques et d'éveil (jeu, apprentissages divers, etc.)</td><td>Rigueur
Patience
Sens de la pédagogie
Grande disponibilité
Empathie
Sens de l'hygiène et de la sécurité</td></tr>
<tr><td>Homme toutes mains</td><td>CAP et BEP des métiers du bâtiment</td><td rowspan="3">Bonne maîtrise des techniques propres à chaque activité
Aptitude et goût pour les activités manuelles</td><td rowspan="3">Rigueur
Patience et sens de la pédagogie
Sens de l'hygiène et de la sécurité
Grande disponibilité</td></tr>
<tr><td>Jardinage</td><td>CAP, BEP, Bacs professionnels « propreté industrielle », diplôme de jardinier paysagiste</td></tr>
<tr><td>Assistance informatique</td><td>BTS et DUT informatique</td></tr>
</table>

Réalisez un entretien d'embauche

Pour bien réussir un entretien d'embauche, il est nécessaire de disposer d'un environnement calme, confortable, propice au dialogue et à la réflexion, et situé de préférence hors du cadre habituel de travail.

Consacrez à l'entrevue un temps suffisant (une heure environ pour être efficace) et menez-la avec ordre et rigueur, afin de disposer d'éléments objectifs de comparaison entre les différents candidats. Un entretien type doit ainsi comprendre des questions liées directement au futur emploi, mais aussi au caractère et à la personnalité des candidats. Il peut se décomposer en quatre grandes phases.

- **L'accueil du candidat**, avec les civilités d'usage, puis la description de l'entreprise et du poste à pourvoir.
- **La découverte du profil et des motivations du candidat** : un bon recruteur doit savoir être à l'écoute et observer attentivement le comportement de son interlocuteur. Il l'analyse ainsi sur le fond, mais aussi sur la forme (attitude générale courtoise, tenue vestimentaire, aptitude au contact et à la communication, facilité d'expression) en s'aidant d'un questionnaire type :
  - Quel est votre parcours professionnel ?
  - Quelles sont les caractéristiques de votre dernier emploi ?
  - Que recherchez-vous dans ce nouvel emploi ?
  - Quels sont vos objectifs à court et moyen termes ?
  - Aimez-vous travailler seul ou en équipe ?
  - Quelles sont votre disponibilité et vos contraintes personnelles ?
  - Quel niveau de rémunération souhaitez-vous ?
  - Quelle signification professionnelle donnez-vous aux termes « autonomie » et « encadrement » ?

- Pourriez-vous décrire votre journée de travail type dans notre entreprise, si vous êtes recruté(e) ?

- **La prise de décision** : cette étape d'une dizaine de minutes au maximum est consacrée à répondre aux questions et aux demandes de précisions du candidat, à valider son intérêt pour le travail proposé et à vous faire une conviction quant à son adéquation au poste. Cette première impression, forcément subjective, peut être complétée par une démarche plus impartiale en utilisant des outils d'évaluation (exercices pratiques de contrôle d'aptitude, tests de personnalité, vérification des références données, second entretien par un employé en place, etc.).
- **La conclusion** : il s'agit d'indiquer au candidat la suite du processus de recrutement (délai de réponse, prochains rendez-vous, etc.), puis de prendre congé de lui.

Une fois votre choix arrêté, la personne retenue en sera immédiatement informée, tout comme les individus écartés.

Durant cette période d'intégration, dont la durée peut varier de deux à quatre semaines, le nouveau venu pourra être aidé par un parrain (cadre ou employé expérimenté) qui l'aidera à s'habituer aux pratiques et aux techniques de l'entreprise et du poste occupé.

Intégrez le candidat dans l'entreprise

Pour s'intégrer au reste de l'équipe, le nouvel entrant doit apprendre à connaître et à partager la culture et les pratiques professionnelles de l'entreprise, sa structure hiérarchique et son organisation, ses grands processus de fonctionnement. Il vous faudra surtout l'informer des objectifs de l'entreprise et du rôle précis qu'il aura à jouer dans leur réalisation.

Comment assurer la formation de ses employés ?

Dans le secteur des SAP, la formation des employés est souvent peu développée et demeure très hétérogène, car l'idée persiste qu'aider à accomplir les actes de la vie courante ou réaliser des tâches ménagères ne nécessite pas de formation particulière.

L'obligation d'assurer des prestations de qualité nécessite cependant de disposer d'employés compétents et possédant des qualifications à jour. Pour atteindre cet objectif, il convient de :

- Définir des **domaines de formation** en fonction des besoins spécifiques de l'entreprise et des exigences des référentiels qualité.
- Élaborer, pour chaque employé, un **plan de formation** visant à le rendre rapidement performant dans son poste (connaissance des techniques de réalisation des prestations, maîtrise des accidents domestiques et connaissance des règles d'hygiène et de sécurité). Il lui permettra ainsi d'évoluer dans l'échelle hiérarchique et des rémunérations (augmentation de son niveau de compétences et de polyvalence).

Les employés préparant le diplôme d'État d'Auxiliaire de Vie Sociale (DEAVS) par le biais de la VAE pourront espérer obtenir une rémunération supérieure de 30 % au niveau du Smic.

La formation de chaque employé peut alors être réalisée soit en interne, soit par un organisme extérieur. Vous pourrez mobiliser le droit individuel à la formation (DIF), qui offre la possibilité à tout salarié en contrat à durée indéterminée, possédant un an d'ancienneté ou pouvant justifier de quatre mois d'activité au cours de l'année, de se constituer un crédit d'heures annuel de formation, à utiliser pendant ou en dehors de ses heures de travail.

Comment manager ses employés ?

Le suivi des comportements

Il appartient au chef d'entreprise de veiller à ce que son personnel adopte un comportement en phase avec les attentes de ses clients.

Ce suivi s'exerce à deux niveaux.

- L'employé doit toujours développer une relation de confiance et d'estime avec les clients. Il faudra donc s'assurer de ses capacités d'écoute et d'empathie, mais aussi de sa disponibilité à répondre intelligemment à des situations imprévues.
- L'employé doit toujours présenter un aspect extérieur n'ouvrant droit à aucune critique. Veillez donc à ce qu'il maintienne une propreté physique irréprochable et adopte une tenue de travail correcte et non équivoque, qui le « professionnalise » et rassure les clients.

Le suivi des opérations

Grâce au suivi des opérations, vous vous assurez que les règles de fonctionnement édictées par l'entreprise sont correctement appliquées par le personnel. Il serait en effet contre-productif de se lancer dans une démarche qualité rigoureuse, puis de constater que les prestations réalisées ne répondent plus aux procédures d'exécution définies.

Il vous appartient donc d'assurer un suivi régulier du respect des procédures, qu'il convient de regrouper dans un procédurier, et de lutter contre toutes les dérives et improvisations malvenues. Veillez également à ce que les employés rendent compte, que ce soit à vous ou à leur encadrant, des prestations effectuées chez le client pour détecter les dysfonctionnements et y porter remède.

Le suivi de la motivation

Pour constituer autour de vous une équipe motivée et soudée, deux actions sont nécessaires.

- Il faut recueillir les attentes de vos employés, mais aussi leurs idées et suggestions pour améliorer le fonctionnement de l'entreprise.
- Il convient d'organiser à un rythme régulier (au moins mensuel) des réunions du personnel durant lesquelles sera délivrée une information claire et détaillée sur la vie de l'entreprise et sur la progression de ses résultats.

Ce suivi de la motivation des salariés passe aussi par un management individuel de chacun. Efforcez-vous de rencontrer chaque employé au moins une fois par an, et les nouveaux employés tous les six mois au cours de leur première année dans l'entreprise. Ces entretiens ont pour objet de faire un point sur le travail réalisé et les résultats obtenus, ainsi que sur les difficultés et les attentes de l'employé. Ils doivent le conduire à se projeter dans l'avenir en prenant connaissance des progressions de carrière possibles et des moyens de développer ses compétences.

Rencontrez également les employés qui quittent volontairement l'entreprise, afin de connaître le motif de leur démission et de trouver des moyens de limiter le nombre de départs futurs.

Cette démarche globale de suivi et de motivation du personnel est primordiale, car, dans les SAP, il est fondamental de s'attacher à tout mettre en œuvre pour fidéliser et motiver ses employés. Il en va du succès et de la pérennité de l'entreprise !

Une première approche *chiffrée* de votre projet :

Détail des investissements corporels	**Montant**	**Modalités de financement**	**Conditions de paiement et fournisseurs**
Matériel informatique et de communication	....	....	....
Agencement et mobilier	....	....	....
Location des locaux d'exploitation	....	....	....
Équipement automobile	....	....	....
Frais d'études de marché et de prévisionnel d'activité	....	....	....
Frais de formation et de recrutement	....	....	....
Autres			
Total	....	....	....

Les Compagnons des Jardins

Petits travaux de jardinage

13, rue de la Condamine, 38610 Gières
Tél. : 04 76 01 98 14
www.compagnons-des-jardins.com

Aujourd'hui, plus de seize millions de ménages possèdent un jardin. Entre les Français et leur maison, c'est une véritable histoire d'amour ! Cependant, garder en état son espace vert suppose du temps et des aptitudes, ce dont ne disposent pas tous les particuliers.

L'activité démarre réellement en mars 1997 grâce à l'obtention d'une aide à la création d'entreprise (Accre).

C'est en 1993 que Jean-Paul Chauvet, titulaire d'un bac agricole et connaissant alors une situation professionnelle difficile après quinze ans passés dans les secteurs du transport et du commerce international, décide de s'établir comme jardinier salarié chez plusieurs particuliers de la région grenobloise. « *Alors que le chèque-service n'existait pas encore, j'avais découvert la possibilité pour mes employeurs de récupérer sur leur impôt la moitié de mes coûts salariaux. Dans la mesure où je m'occupais aussi bien de leurs jardins que de leurs déclarations sociales, j'ai recherché la meilleure façon de structurer cette méthode de travail peu conventionnelle à l'époque.* »

Cette expérience lui permet de découvrir l'importance des besoins en travaux de jardinage à Grenoble et dans les communes environnantes. Il comprend qu'un positionnement est possible entre, d'une part, les entreprises paysagistes fortement mécanisées, qui ne s'intéressent que rarement aux petits chantiers d'entretien de jardins, et, d'autre part, les artisans jardiniers travaillant en solo, qui ne peuvent entreprendre de travaux importants en termes de main-d'œuvre, comme le débroussaillage d'un sous-bois.

C'est pourquoi, en octobre 1996, Jean-Paul décide de mettre en œuvre son idée malgré les difficultés qui surgissent, notamment pour trouver des informations sur un secteur encore émergent. Doté d'une personnalité rigoureuse et opiniâtre, il réussit à surmonter les écueils rencontrés et crée Les Compagnons des Jardins pour effectuer de petits travaux de jardinage à la carte. Ses prestations sont facturées à l'heure effective de travail (sur la base d'un tarif attractif grâce aux possibilités de déduction fiscale) pour le compte de retraités qui ne peuvent plus les assurer eux-mêmes ou de personnes très prises par leur activité professionnelle. Il s'agit entre autres de la taille des haies et des arbres, de la tonte des pelouses, du désherbage, du piochage, de la réparation de clôtures et de petites plantations.

L'entreprise est créée sous la forme associative, « *ce qui était à l'époque la solution la plus simple et la plus politiquement correcte pour obtenir un agrément* ». Ce dernier est délivré le 13 février 1997 et l'activité démarre réellement en mars grâce à l'obtention d'une aide à la création d'entreprise (Accre) équvalent à 7 500 euros. Jean-Paul met parallèlement en place une solution originale tenant compte des besoins d'autonomie des jardiniers engagés et de la nécessité de les responsabiliser dans leurs tâches : le matériel reste la propriété du personnel d'exploitation et est facturé séparément des heures de main-d'œuvre. Cette solution permet aux jardiniers d'entretenir le matériel et de le renouveler sans frais.

Pour se doter d'un « véhicule » juridique plus adapté à ses ambitions, Jean-Paul dissout son association et crée une SARL sous la même dénomination.

Le succès est rapidement au rendez-vous et, pour se doter d'un véhicule juridique plus adapté à ses ambitions, Jean-Paul dissout son association le 30 juin 2000 et crée dans la foulée une SARL sous la même dénomination.

Les années qui suivent sont marquées par une croissance soutenue (le chiffre d'affaires atteint 365 000 € en 2004), même si de réelles difficultés surviennent :

- Les relations sont tendues avec les organismes sociaux et les banquiers montrent peu d'empressement à soutenir l'entreprise alors que le passage aux 35 heures augmente considérablement les coûts salariaux, que le BFR explose et qu'il est difficile d'augmenter les tarifs.

- À partir de janvier 2006, la déductibilité fiscale des services de jardinage est plafonnée (« *les retours positifs sur devis, qui étaient de près de 50 % avant le décret, ont régressé à moins de 35 % à partir de septembre 2006* »).
- On assiste à l'entrée sur le marché de grands groupes multiservice possédant de nombreuses succursales et à la multiplication des petits intervenants indépendants (certains en auto-entrepreneurs) qui se font rémunérer en chèques service.

Jean-Paul relève le défi lancé par cette nouvelle forme de concurrence et décide de renforcer l'organisation de son entreprise et la structuration de l'activité.

- Il recrute et forme plusieurs adjoints chargés des nouveaux contacts et de l'établissement des propositions commerciales, et conserve la gestion des calendriers et le suivi quotidien des ressources humaines et de la clientèle (suivi extrêmement apprécié par les particuliers, pour qui le contact avec « le patron » est indispensable).
- Il développe une base de données commerciale qui permet de gérer de plus en plus finement le cycle d'exploitation.
- Il prépare un plan de formation ambitieux, afin d'améliorer les connaissances techniques et la culture générale du personnel, mais aussi de donner l'opportunité aux meilleurs éléments d'accéder à de nouveaux postes et de progresser dans leur vie professionnelle. Il envisage ainsi la création de succursales pour petits travaux de jardinage, ou d'une nouvelle société artisanale du paysage, qui apporterait de nouveaux services de création paysagère dans le cadre du développement durable, comme la gestion de l'eau. Cette double activité devrait « gommer » l'effet de saisonnalité.

Ces efforts permanents sont consacrés à l'amélioration de la qualité de service aux clients ainsi qu'au bien-être et à l'implication des douze jardiniers. Ces derniers bénéficient de salaires supérieurs au niveau conventionnel et de contrats de travail à durée indéterminée et à temps partiel annualisé. De plus, ils sont recrutés avec soin pour une clientèle exigeante. « *Il faut rencontrer vingt jardiniers pour en trouver un bon : il doit posséder non seulement une expérience de trois à cinq ans en espaces verts avec au minimum un CAP "jardins-espaces verts", un BTA (brevet de technicien agricole) ou un BTS agricole ou espaces verts, mais aussi de bonnes facilités relationnelles.* » Ces mesures ont permis aux Compagnons des Jardins d'atteindre un chiffre d'affaires de 380 000 € en 2007 puis de 418 000 € en 2008. Pour accompagner cette croissance, Jean-Paul a investi dans des locaux plus grands et a surtout embauché une employée à temps plein chargée de l'administratif, de la comptabilité et du suivi clientèle ainsi qu'une collaboratrice pour répondre aux demandes d'information, suivre les devis et les interventions des jardiniers (le taux de retour positif sur devis est repassé à 50 % au premier semestre 2009).

Jean-Paul est convaincu que le futur de la filière réside dans la professionnalisation de ses acteurs et dans la constitution de structures partenariales intégrées.

Membre du SESP, Jean-Paul est convaincu que le futur de la filière réside aujourd'hui dans la professionnalisation des acteurs et dans une communication plus appuyée auprès des CSP+ (aussi bien personnes âgées que couples biactifs de 40 à 60 ans). En toute logique, il applique ces recommandations à son entreprise et a d'ores et déjà lancé une démarche de certification qualité. Il a en outre participé en avril 2009 au salon des Services à la Personne de Lyon et réservé la troisième de couverture du numéro de juin-juillet de la même année du magazine *Maisons et Jardins*.

Fin 2009, la société Les Compagnons des Jardins s'estimait totalement prête pour s'attaquer au marché régional puis national, qu'elle évalue à 800 000 utilisateurs potentiels et à 1 200 000 000 €.

Votre projet en quelques chiffres 5

LES DEUX PRÉCÉDENTS CHAPITRES VOUS ONT PERMIS DE CALCULER votre chiffre d'affaires prévisionnel et d'identifier les principaux investissements nécessaires à votre future entreprise. Vous allez désormais pouvoir compléter ces premières données avec les estimations de vos charges courantes, afin de juger de la faisabilité globale de votre projet.

- De quelle somme d'argent avez-vous besoin pour vous lancer ?
- Quel chiffre d'affaires vous faudra-t-il atteindre au minimum pour couvrir toutes vos charges ?
- Disposerez-vous de suffisamment de trésorerie tout au long de l'année pour ne pas être subitement en défaut de paiement ?

Étudions ensemble ces différentes questions.Après y avoir répondu, vous pourrez élaborer votre *business plan*, puis contacter les diverses sources de financement possibles.

Quelques notions indispensables

p. 216

Même si vous envisagez de vous faire assister ou de sous-traiter par la suite votre comptabilité (par exemple à un centre de gestion agréé), il est préférable que vous connaissiez la signification des principaux termes utilisés et les mécanismes de construction d'un bon équilibre financier.

Ce dernier s'appuie sur l'articulation de trois outils : le plan de financement, le compte de résultat et le plan de trésorerie.

Le plan de financement initial

Avant de pouvoir signer votre premier contrat, vous devez acquérir les moyens permanents (dénommés *besoins durables*) indispensables au fonctionnement de votre entreprise :

Les investissements HT du plan de financement deviendront, selon leur nature, les immobilisations incorporelles ou corporelles du bilan.

- **les investissements incorporels** (frais d'établissement, frais d'immatriculation au Registre du commerce et des sociétés, etc.) ;
- **les investissements corporels** (travaux d'aménagement des locaux, mobilier de bureau, équipement professionnel, matériel informatique, véhicules, etc.) ;

L'achat d'une camionnette est un investissement, car le véhicule va rester dans l'entreprise plusieurs années. En revanche, les frais de carburant et la prime d'assurance sont des charges d'exploitation consommées dans l'année.

- **le besoin en fonds de roulement (BFR)** : dans une entreprise de SAP, c'est l'addition des fonds requis pour assurer le fonctionnement (« roulement ») quotidien, non seulement durant la période initiale de démarrage et de montée en puissance de l'activité, mais également de façon permanente quand survient un décalage entre la facturation et l'encaissement effectif. Ce décalage apparaissant surtout en cas de paiement en Cesu, nous retiendrons principalement dans le calcul du BFR le solde annuel moyen de chèques Cesu à encaisser, soit :

SOLDE ANNUEL MOYEN = PRESTATIONS ANNUELLES TTC PAYÉES EN CESU × NOMBRE DE JOURS MOYENS D'ENCAISSEMENT D'UN CESU

Le BFR s'accroît lorsque l'activité progresse. En l'exprimant en nombre de jours, il est facile d'anticiper les problèmes de trésorerie qui pourraient se présenter si le chiffre d'affaires augmentait brutalement.

En bonne « orthodoxie financière », il faut que tous les besoins durables soient financés par des ressources stables (dénommées *ressources durables*). C'est l'objet même du plan de financement initial qui, sous la forme d'un tableau à deux colonnes, permet d'assurer l'équilibre entre besoins durables (à gauche) et ressources durables (à droite).

Au moment de la création de votre entreprise, les ressources durables pourront être de quatre types :

- **le capital** (apport personnel pour une entreprise individuelle, capital social pour une société) ;
- **les primes et les subventions** obtenues des pouvoirs publics ou d'organismes privés ;
- **les avances remboursables** distribuées dans le cadre de programmes d'aide à certaines catégories de créateurs ;
- **les emprunts** à moyen ou long terme auprès du secteur bancaire.

Structure du plan de financement initial

Besoins durables (montant HT)	**Ressources durables (montant HT)**
Investissements incorporels :......................	Capital :..
Investissements corporels :.........................	Primes et subventions :...............................
BFR :...	Avances remboursables :............................
	Emprunts à terme :....................................
Total :...	**Total :...**

Le compte de résultat prévisionnel

Une fois le financement de vos moyens permanents établi, vous devez vous assurer que la vente de vos prestations sera rentable. C'est l'objet du compte de résultat qui, en mode prévisionnel, compare les ventes anticipées pour l'année à venir aux estimations de charges correspondantes.

La dotation aux amortissements est une notion comptable qui prend en compte la perte de valeur annuelle de certains investissements. L'objectif est de reconstituer progressivement un capital qui remplacera l'investissement totalement amorti.

Ces charges prévisionnelles se répartissent en deux grands ensembles.

- **Les charges d'exploitation** sont principalement les frais de personnel, les achats de fournitures et de services extérieurs, la taxe professionnelle et les autres impôts (hors IS, impôt sur les sociétés), ainsi que les dotations aux amortissements.
- **Les charges financières** sont les intérêts des emprunts et les agios sur découvert bancaire.

Structure du compte de résultat prévisionnel

Chiffre d'affaires HT	**Fin exercice *N***
Charges d'exploitation HT	
Achats de fournitures (petits équipements, fournitures administratives, etc.)	
Charges extérieures (loyers et charges, énergie, eau, téléphone, assurances, crédit-bail, entretien, etc.)	
Services extérieurs (honoraires, publicité, frais de transports sur achats et sur ventes, etc.)	
Frais de personnel (salaires et charges sociales)	
Taxe professionnelle et autres impôts	
Dotations aux amortissements	
Charges financières HT	
Intérêts d'emprunt	
Agios sur découvert	
Résultat avant IS	
Impôt sur les bénéfices	
Résultat net	

La différence entre le chiffre d'affaires HT et l'ensemble des charges HT représente le **résultat net** de l'exercice : c'est un ***bénéfice*** s'il est positif, une ***perte*** dans le cas contraire. Par ailleurs, le compte de résultat permet également de dégager la valeur ajoutée qui, comparée aux ratios du secteur, peut vous fournir des informations utiles au pilotage de votre entreprise.

- **Valeur ajoutée** : chiffre d'affaires diminué des achats de fournitures, des charges extérieures et des services extérieurs.

Le seuil de rentabilité ou point mort

Lors de la construction de votre compte de résultat prévisionnel, il sera utile de discerner :

- **les charges de structure** (loyers, salaires et charges sociales de la direction et des administratifs, frais d'électricité et de téléphone, petites fournitures administratives, frais de communication et de publicité, primes d'assurance, impôts locaux, honoraires divers, intérêts d'emprunt, etc.) ;
- **les charges strictement opérationnelles** (salaires et charges sociales des intervenants, fournitures consommées, etc.).

Durant la période de montée en régime de votre entreprise, le point mort pourra être aisément converti en objectif d'heures hebdomadaires à vendre au minimum.

Vous pourrez ainsi connaître à tout moment le niveau d'activité à atteindre pour que votre entreprise ne perde ni ne gagne d'argent. Ce niveau d'activité, appelé *point mort*, peut s'exprimer en diverses unités, par exemple en heures. Il se calcule comme ci-dessous :

$$\text{Marge horaire} = \text{Tarif horaire} - \text{Coût horaire d'un intervenant et des charges associées}$$

$$\text{Point mort} = \frac{\text{Charges de structure}}{\text{Marge horaire}}$$

Dès que la quantité d'heures vendues et réalisées dépassera ce point mort, votre entreprise commencera à gagner de l'argent.

Illustration du mode de calcul du point mort

Hypothèses	Calcul
Tarif horaire : 15 € Coût opérationnel à l'heure : 7 € Charges de structure prévisionnelles : 45 000 €	Marge opérationnelle horaire = 15 – 7 = 8 € Point mort en heures = 45 000/8 = 5 625 heures

Le plan de trésorerie mensuel

Structure d'un plan de trésorerie mensuel

	Janv.	Fév.	Mars	Etc.
(1) Solde en début de mois				
Encaissements d'exploitation Prestations encaissées TTC TVA à récupérer **Encaissements hors exploitation** Apport en capital Subventions, avances Emprunts à moyen et long terme (MLT)				
(2) Total encaissements				
Décaissements d'exploitation Paiement TTC des fournitures et des autres charges Paiement des salaires et des charges de personnel TVA à reverser Paiement des impôts et des taxes Paiement des intérêts sur emprunts et des agios **Décaissements hors exploitation** Remboursements d'emprunts Investissements TTC				
(3) Total décaissements				
(4) Solde en fin de mois = (1) + (2) – (3)				

À tout moment au cours de l'année, et même si votre compte de résultat prévisionnel dégage un bénéfice comptable en fin d'exercice, vos sorties d'argent peuvent ne pas être compensées par des entrées au moins équivalentes. Vous risquez dans ce cas d'être en défaut de paiement et dans l'obligation de faire appel en catastrophe à des découverts bancaires importants et toujours onéreux.

Pour éviter de vous retrouver dans cette impasse, vous construirez un plan de trésorerie mensuel, dans lequel vous positionnerez tous les encaissements et décaissements correspondant aux opérations inscrites dans votre compte de résultat prévisionnel et dans votre plan de financement initial.

La construction d'un plan de trésorerie mensuel s'effectue en deux temps.

- Répartissez en encaissements et en décaissements les opérations correspondant à des mouvements de liquidités. Leurs montants devront être inscrits en TTC dans la colonne du mois précis où ont lieu les entrées ou sorties réelles d'argent. Il est important de ne pas oublier l'incidence de la TVA — bien distinguer la TVA à récupérer de celle à reverser — et sa date de paiement effectif.
- Confrontez les encaissements et les décaissements mensuels, et choisissez des solutions de financement pour assurer la couverture des écarts éventuels — en général, et hormis les besoins liés au démarrage et à la montée

Attention, les dotations aux amortissements ne font pas partie du plan de trésorerie, car ce ne sont pas des sorties d'argent.

Attention, un découvert bancaire discuté dans le calme en s'appuyant sur un plan de trésorerie se négocie aisément. En revanche, une demande subite sera mal vue de votre banquier qui, pressentant des difficultés non prévues, aura tendance à vous la refuser ou à vous la faire payer très cher.

en régime de votre entreprise, cette solution consistera en une autorisation de découvert bancaire dont les intérêts devront être reportés dans le compte de résultat prévisionnel.

Les moyens de financement

Nous venons de voir que quatre catégories de ressources durables étaient théoriquement disponibles pour équilibrer votre plan de financement : le capital, les primes et subventions, les avances remboursables et les emprunts à moyen ou long terme. Étudions-les à présent plus en détail.

Les besoins non couverts par les banques sont :
- les frais d'établissement ;
- les investissements incorporels ;
- environ 30 % du montant des investissements corporels ;
- et généralement le BFR.

Le capital

Le capital représente la prise de risque du créateur et de ses associés éventuels. Il est indispensable pour inspirer confiance aux tiers, notamment lors d'une demande de crédit, ainsi que pour autofinancer les besoins durables que ne couvriront pas les banques.

Les apports personnels du créateur

Le créateur peut apporter au capital de l'entreprise son épargne disponible (épargne liquide ou retirée de plans d'épargne préalablement ouverts) éventuellement complétée par des emprunts personnels auprès de particuliers ou de structures dédiées.

Apports personnels en provenance de plans d'épargne

- **Le Livret Épargne Entreprise** (LEE) souscrit dans une banque donne la possibilité de solliciter, deux ans après son ouverture, un prêt pour créer son entreprise. Le montant et la durée de ce prêt sont fixés de telle sorte que le total des intérêts à payer soit égal au total des intérêts acquis durant la phase d'épargne, multiplié par 1,6. En 2009, le taux d'intérêt maximal du prêt s'élève à 5 % s'il est fixe et à 4,75 % s'il est révisable, hors assurance décès-incapacité. La loi du 1er août 2003 sur l'initiative économique autorise désormais à retirer les fonds déposés avant deux ans — sans perdre l'exonération d'impôt sur les intérêts acquis — s'ils sont utilisés dans les six mois pour financer un projet de création ou de reprise d'entreprise par le titulaire du LEE, son conjoint, un descendant ou un ascendant.

- **Le Plan d'Épargne en Actions** (PEA) permet d'investir une partie de son épargne dans des titres d'entreprises cotées ou non. La loi pour l'initiative économique exonère désormais de l'impôt sur le revenu (mais pas des prélèvements sociaux) le retrait ou le rachat de sommes ou valeurs d'un PEA avant cinq ans, si les sommes sont affectées dans un délai de trois mois au financement de la création ou de la reprise d'une entreprise par le titulaire du plan, son conjoint, un descendant ou un ascendant.
- **Le Plan d'Épargne Logement** (PEL) peut être utilisé pour financer un local à usage commercial ou professionnel dès lors que celui-ci comporte l'habitation principale du bénéficiaire (loi pour l'initiative économique précitée).

Apports personnels en provenance de prêts ou de dons entre particuliers

- Le prêt entre particuliers est autorisé dans la mesure où il est formalisé par écrit et enregistré auprès du centre des impôts avant le 15 février de l'année suivant sa conclusion.

En l'absence d'enregistrement, l'administration fiscale risque de requalifier le prêt comme un revenu taxable à l'IRPP (impôt sur le revenu des personnes physiques).

- Les donations de sommes d'argent entre personnes d'une même famille bénéficient, au même titre que les successions, de certains abattements fiscaux et d'exonération de droits de mutation (si le donataire a moins de 65 ans ou si la somme est affectée uniquement au financement d'un projet de création d'entreprise).

Apports personnels en provenance d'emprunts auprès de structures dédiées

Il existe également un certain nombre de structures dédiées au financement de la création d'entreprise et susceptibles d'accorder un **prêt d'honneur** ou un **prêt solidaire** au créateur ne possédant pas suffisamment d'apports financiers personnels.

> Un prêt d'honneur est un prêt sans demande de garanties personnelles ou réelles à l'emprunteur. Un prêt solidaire est un crédit très favorable, assorti d'une logistique de soutien.

Ces prêts, généralement accordés à taux réduit, voire nul, sont proposés par plusieurs organismes nationaux ou locaux.
Par exemple :

- France Initiative, qui fédère plus de 240 plates-formes d'initiative locale ;
- Adie (Association pour le droit à l'initiative économique) pour les exclus des circuits financiers classiques (chômeurs longue durée, allocataires du RSA, etc.) ;
- Réseau Entreprendre ;
- France Active, pour les porteurs de projets modestes connaissant des difficultés personnelles ;
- Nef (société financière) si la création concerne l'éducation, l'art, la culture, la réinsertion, l'agriculture biologique, la santé ou l'aide aux handicapés ;

- Finansol, association pour connaître rapidement les critères d'accès aux principaux financeurs solidaires ;
- Racines (Réseau d'accompagnement des créations et initiatives avec une nouvelle épargne de solidarité), qui propose l'intervention du Clefe (Club d'épargne solidaire pour les femmes qui entreprennent) sous forme de prêts exclusivement destinés aux créatrices.

Certaines structures s'occupant de création d'entreprise (clubs de créateurs d'entreprise, boutiques de gestion, organismes de développement économique local, etc.) ont également passé des accords avec des banques pour qu'elles accordent aux créateurs des prêts à conditions minorées.

Le dispositif Nacre remplace l'ancienne aide remboursable Eden. Il s'adresse aux personnes et demandeurs d'emploi susceptibles de prétendre à l'Accre et comprend deux types d'aide : un conseil en montage de projet de création ou reprise et un prêt à taux zéro et sans garantie.

Enfin, les demandeurs d'emploi désirant créer leur entreprise (sous forme individuelle ou sociétale) peuvent bénéficier, depuis le 1er janvier 2009, d'un prêt à taux zéro et sans garantie d'un montant de 1 000 à 10 000 euros. Ce prêt est distribué dans le cadre du nouveau dispositif Nacre.

Apports personnels en provenance de primes et subventions versées aux créateurs

- Pour les jeunes de 15 à 28 ans, le dispositif Défi jeunes, dépendant des directions régionales du ministère de la Jeunesse et des Sports, distribue des aides financières à des porteurs de projets (jusqu'à 8 500 euros par projet).

- Pour les personnes handicapées bénéficiaires de la loi du 10 juillet 1987, les financements octroyés par l'AGEFIPH (Association de gestion du fonds pour l'insertion professionnelle des personnes handicapées) peuvent aller jusqu'à 12 000 euros.
- Pour les personnes au chômage et allocataires du RMI, de l'ASS et de l'API, les caisses d'allocations familiales ou Pôle Emploi distribuent une prime exceptionnelle de retour à l'emploi d'un montant de 1 000 euros.
- Pour les demandeurs d'emploi indemnisés créant ou reprenant une entreprise, Pôle Emploi verse sous forme de capital la moitié du reliquat des allocations chômage.

En dehors de ces subventions publiques, certains organismes, fondations privées ou associations (la plupart sont répertoriés sur le site *www.apce.com*) aident les lauréats de leurs concours en leur accordant une bourse de création.

Les apports en provenance de tiers

Si vous créez une société (par exemple une Sarl), vous pouvez ouvrir le capital de l'entreprise à des parents et amis, et les faire ainsi bénéficier d'une réduction conséquente d'impôt sur le revenu ou sur la fortune.

De même, vous pouvez trouver des associés ou des propositions de prise de participation par l'intermédiaire de clubs d'investisseurs (par exemple Cigales, Garrigue ou Love Money) ou de bulletins d'affaires édités par les CCI ou les Chambres des Métiers.

La création d'une SARL (voir chapitre 6) permet aux détenteurs de parts de bénéficier, à titre personnel, d'une réduction d'impôt sur le revenu égale à 25 % des sommes souscrites. Les versements sont plafonnés à 50 000 € pour une personne seule et à 100 000 € pour un couple marié.

De même, les détenteurs de parts de sociétés non cotées peuvent réduire leur ISF d'une somme égale à 75 % des versements effectués dans la limite annuelle de 50 000 €.

Les avantages IR et ISF ne sont pas cumulables pour un même versement.

Enfin, s'il est théoriquement possible de lever des fonds par le biais de sociétés de capital-risque ou auprès de business angels, il faut savoir que la sélection des projets est extrêmement rigoureuse et qu'au final, peu sont retenus.

Les primes et subventions

Les primes et subventions versées aux entreprises sont principalement distribuées par l'État et les collectivités locales (région, département, commune). Mais elles concernent rarement la phase de création.

- Pour connaître les primes accordées par les collectivités locales, rapprochez-vous du service d'action économique du conseil régional compétent en matière d'aides aux entreprises.
- S'agissant des primes et des subventions nationales, la principale (hormis l'aide d'Oseo limitée aux projets innovants) est versée par le FISAC (Fonds d'Intervention pour les Services, l'Artisanat et le Commerce) géré par les CCI et les CMA. Elle s'adresse aux entreprises de ces secteurs situées dans des communes de moins de 3 000 habitants et dont le chiffre d'affaires annuel n'excède pas 1 million d'euros. Cette subvention peut couvrir des dépenses d'investissement, par exemple l'acquisition de matériels ou d'équipements professionnels, neufs ou d'occasion. Son montant ne peut excéder 30 % de ces dépenses, dans la limite de 75 000 euros.

Attention, les primes et les subventions peuvent difficilement être prises en compte pour financer les besoins durables de la nouvelle entreprise, à moins de bénéficier d'un crédit-relais ou de pouvoir caler les investissements sur la date probable de réception des fonds. Elles sont en effet généralement versées plusieurs mois après le début de l'activité.

p. 259

Les avances remboursables

Les avances remboursables sont généralement proposées par des dispositifs régionaux ou départementaux, qui sont très variés.

Pour les avances remboursables, renseignez-vous localement auprès des services d'action économique des conseils régionaux.

Au niveau national, il n'existe pas d'avance remboursable versée aux entreprises. Le dispositif Nacre mis en place par les pouvoirs publics, bien qu'il s'adresse aux créateurs personnes physiques, en constitue l'équivalent économique.

En sus du dispositif Nacre, il est judicieux de demander également une exonération de charges sociales dans le cadre de l'Accre.

Les emprunts à moyen ou long terme

Les emprunts bancaires

Sans qu'il y ait de règle absolue, les banques ne financent habituellement l'entreprise qu'à hauteur de 70 % de ses investissements corporels et de 50 % du total de ses besoins durables. Par ailleurs, elles limitent fréquemment la durée maximale des prêts à la durée d'amortissement des biens financés et demandent que le remboursement annuel de l'emprunt n'excède pas la moitié de la capacité d'autofinancement de l'entreprise.

Pour toutes ces raisons, il n'est pas toujours aisé d'obtenir un prêt bancaire du montant désiré. C'est pourquoi les pouvoirs publics ont mis en place un prêt à la création d'entreprise (PCE), sans garantie

Pour tout renseignement sur les conditions d'obtention du PCE, contactez le groupe Oseo.

ni caution personnelle, dans le but d'aider les créateurs à compléter le financement de leur projet. Le PCE est octroyé pour un montant compris entre 2 000 et 7 000 euros. Il doit obligatoirement compléter un concours bancaire à moyen et long termes dont le montant doit équivaloir au minimum à deux fois le sien.

Les dispositifs de cautionnement et de garantie d'emprunts

Lorsqu'elles octroient des prêts, les banques souhaitent se protéger contre la possibilité de défaillance de l'entreprise emprunteuse. C'est pourquoi la pratique des banques consiste à garantir leurs créances d'abord sur les biens financés (hypothèque, nantissement, gage), ensuite par la demande de cautions personnelles au créateur. Mais en accordant sa caution personnelle, le chef d'entreprise prend le risque de perdre ses biens.

Pour pallier cette difficulté et faciliter l'accès à l'emprunt bancaire, plusieurs structures de cautionnement publiques ou privées proposent d'apporter leurs concours aux créateurs qui en font la demande. Ces structures agissent comme un fonds de garantie ou une société de caution mutuelle et prennent à leurs comptes la charge partielle du risque.

Ces structures de cautionnement peuvent être généralistes, comme les suivantes :

- Oseo peut garantir jusqu'à 70 % du risque pour les créations d'entreprise (à l'exception de certaines activités).
- Les Socama (réseau Banques Populaires qui réservent leur concours aux artisans et commerçants et pour certaines d'entre

elles, aux professionnels libéraux) et la Siagi (Société interprofessionnelle artisanale de garantie d'investissements créée par les Chambres de Métiers pour favoriser l'accès au crédit bancaire des entreprises artisanales ou de proximité) donnent généralement leurs garanties à hauteur minimale de 50 % du risque. Les emprunteurs paient une commission de risque, versent souvent une contribution restituable de l'ordre d'1 à 4 % du crédit au titre de la mutualisation et doivent, le cas échéant, souscrire au capital de l'organisme pour 0,50 ou 1 % du concours garanti.

D'autres structures privilégient quant à elles l'action spécialisée :

- Oseo région (filiale d'Oseo et de la Caisse des dépôts et consignations) a ainsi passé des accords avec certains Conseils régionaux ou généraux pour mettre en place un régime de garantie généralement plus favorable aux créateurs d'entreprise que les fonds de garantie habituels.
- Le Fonds de garantie à l'initiative des femmes (FGIF) apporte sa garantie aux créatrices, à hauteur de 70 % du prêt et pour un montant garanti ne pouvant excéder 27 000 €.
- France Active Garantie s'adresse aux créateurs de projets modestes dont la situation personnelle est difficile (allocataires du RSA, chômeurs en fin de droits, etc.). Il garantit les prêts bancaires à hauteur de 65 % dans une limite de 30 500 €.
- Le Fonds solidaire pour les initiatives (Secours catholique) garantit le prêt bancaire à hauteur de 80 % dans une limite de 6 100 €.
- Par ailleurs, certaines professions se sont organisées pour cautionner mutuellement leurs emprunts bancaires (adressez-vous à votre futur syndicat professionnel).

p. 259

Le crédit-bail

Le crédit-bail constitue une alternative de financement, quoique bien plus chère, au crédit bancaire classique.

Généralement limité à du matériel standard et plus cher qu'un crédit bancaire à moyen terme, le crédit-bail autorise cependant un financement à 100 % et une déduction fiscale des loyers.

Juridiquement, il ne s'agit pas d'un prêt, mais d'une location dans laquelle le bien mobilier ou immobilier reste la propriété de la société de crédit-bail et est mis à disposition de l'entreprise contre le versement d'un loyer périodique. Une opération de ce type n'est donc jamais inscrite au plan de financement : n'apparaissent dans ce document ni la valeur du bien en *Besoins* ni la somme des loyers en *Ressources*.

Votre *business plan*

Un business plan, *pour quoi faire ?*

La rédaction d'un *business plan* (ou plan d'affaires) va vous permettre de synthétiser les points forts de votre projet et de procéder au bouclage global de votre financement. Ce document représente donc tout à la fois un outil de travail et un support de communication destiné à vos financeurs potentiels.

Concrètement, un *business plan* comporte vingt à trente pages. Même s'il n'existe pas de modèle imposé, ce document prévisionnel doit comprendre des informations à la fois qualitatives et quantitatives :

- l'historique du projet et le profil de son créateur ;
- les gammes de services commercialisés ;

- le marché local, les principaux concurrents, le type de clientèle visé et son volume ;
- les moyens matériels et humains mis en œuvre ;
- le marketing envisagé (communication, promotion) et les objectifs de ventes ;
- les documents financiers prévisionnels ;
- en annexe : le *curriculum vitae* du créateur, des articles de presse sur le secteur, des références d'études de marché, etc.

Pour espérer convaincre un banquier, il vous faudra :
- avoir un bon dossier (complet, précis, clair et vendeur) ;
- être crédible en maîtrisant toutes les notions qui figurent dans votre dossier, en particulier les concepts essentiels de la partie financière (BFR, compte de résultat, plan de financement, plan de trésorerie, etc.) ;
- vous être entraîné à une présentation orale et avoir bien préparé la négociation.

Pour convaincre vos interlocuteurs, vous devez leur donner la plus grande visibilité possible sur la viabilité de votre projet. C'est pourquoi il est recommandé de présenter certains documents financiers prévisionnels sur une période triennale. Nous allons à présent voir comment les construire et les équilibrer.

La construction des documents financiers à trois ans

Parmi tous les documents et tableaux prévisionnels, deux sont essentiels pour projeter votre activité à trois ans et vous assurer que l'équilibre financier de départ va évoluer favorablement dans le temps : le compte de résultat et le plan de financement.

Le compte de résultat à 3 ans

Vous l'établirez selon le modèle décrit précédemment en projetant le chiffre d'affaires prévisionnel et les charges correspondantes

Pour obtenir des informations sur les charges d'exploitation, vous pouvez aussi consulter les fiches métiers de l'APCE.

sur trois exercices. En l'absence de données historiques, les charges d'exploitation de l'entreprise pourront être estimées à l'aide des documents financiers de la concurrence et des ratios de gestion fournis par les associations et syndicats professionnels.

Votre compte de résultat à trois ans fera en outre apparaître la capacité de l'entreprise à assurer, au terme de chaque exercice, une partie du futur financement. Cette capacité, dite *capacité d'autofinancement* (CAF), sera égale à la somme du bénéfice après impôt et de la dotation aux amortissements de l'exercice.

Calcul de la capacité d'autofinancement

	Fin *N*	Fin *N* + 1	Fin *N* + 2
Bénéfice après impôt (1)			
Dotations aux amortissements (2)			
CAF = (1) + (2)			

Le plan de financement à 3 ans

Alors que le plan initial équilibre les besoins et les ressources à l'ouverture du premier exercice, le plan de financement à trois ans renseigne sur l'équilibre prévu à la fin de chaque exercice.

Pour le premier exercice *N*, il vous suffira de reprendre le contenu du plan initial et d'y incorporer les éléments qui interviendront au cours de cet exercice, notamment la CAF pour les ressources et les éventuels remboursements d'emprunt, ainsi que les prélèvements (rémunération si entreprise individuelle, dividendes versés si statut en société) pour les besoins.

Pour les deux exercices suivants $N + 1$ et $N + 2$, il ne faudra prendre en compte que les éléments nouveaux prévus au cours de chacune de ces deux périodes :

- pour les ressources, la CAF et les augmentations éventuelles des autres ressources durables (nouvel apport personnel, nouvelle prime, nouvel emprunt, etc.) ;
- pour les besoins, les nouveaux investissements matériels, la variation anticipée de BFR, le remboursement annuel des emprunts et les prélèvements prévus.

Attention, pour le premier exercice, le total des ressources doit être supérieur aux besoins pour un montant de l'ordre de 15 % à 20 % de la CAF. Cet excédent de trésorerie est censé s'accentuer au cours des exercices suivants.

Structure du plan de financement à 3 ans

Besoins durables	Fin *N*	Fin *N* + 1	Fin *N* + 2
Investissements incorporels			
Investissements corporels			
BFR		X	X
Variation de BFR	X		
Remboursement d'emprunts			
Prélèvements			
Excédent			
Total			

Ressources durables	Fin *N*	Fin *N* + 1	Fin *N* + 2
Capital			
Primes et subventions			
Capacité d'autofinancement			
Avances remboursables			
Emprunts à terme			
Excédent			
Total			

L'équilibrage global

Attention, les banques encadrent l'octroi d'un crédit d'investissement de règles relativement strictes :

- le total de l'endettement à terme ne peut être supérieur au capital apporté ;
- les investissements incorporels (hormis le fonds de commerce) et le BFR ne sont pas inclus dans le montant du crédit ;
- seuls 70 % environ des investissements matériels peuvent être financés ;
- l'endettement à terme ne doit pas être supérieur aux trois premières CAF ;
- le remboursement annuel de l'emprunt principal ne doit pas être supérieur à la moitié de la CAF de l'exercice.

La recherche d'un équilibre global est une **démarche dynamique**. Une fois la première ébauche de vos documents financiers réalisée, passez l'ensemble en revue selon cinq étapes et en procédant éventuellement à des ajustements.

1re étape : équilibrage du plan de financement initial

À ce stade, vous connaissez vos apports personnels et ceux de vos associés. Si la somme de ces fonds (éventuellement majorée des primes, subventions et avances remboursables) reste inférieure au total de vos besoins, il va vous falloir combler cette différence par un financement externe, généralement sous la forme d'un emprunt bancaire à moyen ou long terme.

2e étape : ajustement du compte de résultat du premier exercice

Ces deux dernières conditions ne pourront bien sûr être vérifiées qu'une fois le compte de résultat à trois ans définitivement établi.

Un emprunt extérieur est une source de financement durable, mais il génère aussi un coût annuel. Il vous faut donc reporter dans votre première version du compte de résultat la charge financière annuelle induite par les emprunts envisagés.

Vous pouvez ensuite calculer votre résultat et votre capacité d'autofinancement.

3e étape : ajustement du plan de trésorerie à 12 mois

Reportez dans le plan de trésorerie du premier exercice les charges financières des emprunts envisagés. Si des décalages momentanés apparaissent, vous devrez faire appel à des crédits bancaires de fonctionnement (escompte, loi Dailly, découverts bancaires, etc.) et penser à réactualiser le compte de résultat du premier exercice pour inclure les agios qui en résulteront.

Attention, les primes et subventions sont souvent versées avec du retard et leurs dates d'encaissement coïncident rarement avec les dates de règlement des investissements. Cela risque de provoquer un décalage de trésorerie qui pourra être comblé par un crédit-relais bancaire, lui-même générateur de charges financières à reporter également au compte de résultat.

4e étape : construction des comptes de résultat des deuxième et troisième exercices

Ces comptes sont à construire comme pour le premier exercice. Projetez vos ventes et vos charges et calculez votre CAF en tenant compte des hypothèses d'augmentation d'investissements (impact sur les dotations aux amortissements) et d'emprunts bancaires complémentaires (impact sur les charges financières).

5e étape : finalisation du plan de financement à 3 ans

Vous disposez désormais de tous les éléments pour finaliser votre plan de financement à trois ans. S'il ne s'équilibre pas ou si vous ne parvenez pas à dégager un excédent de trésorerie suffisant, trois solutions s'offrent à vous.

> L'équilibrage se fait d'abord par un apport personnel majoré des primes et subventions. Si cette somme reste inférieure aux besoins, il faudra combler la différence par un financement externe. Attention à ne pas céder à la facilité de rogner arbitrairement le BFR, vous risqueriez de le payer très cher.

- Modifier l'organisation de votre entreprise afin de faire des économies sur vos besoins d'investissement (locaux, voitures, etc.).
- Rechercher des financements supplémentaires hors du système bancaire (augmentation des apports personnels, recherche de nouveaux associés, etc.).
- Agir sur les opérations quotidiennes pour augmenter le résultat et l'autofinancement.

C'est à ce stade qu'il est utile de mener une réflexion sur le dépassement du point mort, sachant qu'il est sage de chercher à l'atteindre dès la première année :

- mes charges de structure sont-elles toutes indispensables ? Ne sont-elles pas trop élevées (loyer du local, charges d'emprunt, personnel administratif, rémunérations, etc.) ?
- mes tarifs sont-ils correctement fixés ? Que se passerait-il si je décidais de les augmenter ou de les diminuer (rappelez-vous votre enquête quantitative sur la demande locale) ?

- mes charges opérationnelles ne sont-elles pas trop élevées ?
- puis-je offrir des prestations supplémentaires ?
- Etc.

Toute modification de l'une de ces données nécessitera bien sûr de réaliser un second cycle d'ajustements, avec peut-être la recherche de nouvelles solutions de financement.

Vérifiez votre **structure** de ***financement :***

Quels sont les besoins financiers nécessaires pour boucler votre plan de financement initial ?

Votre projet est-il rentable (compte de résultat prévisionnel sur trois ans) ?

Risquez-vous une cessation de paiements au cours de vos premiers mois d'activité en raison d'un décalage entre les dates d'entrée de vos recettes et celles de vos paiements (plan de trésorerie) ?

Quel est le niveau d'activité (par exemple quantité d'heures à vendre) à atteindre pour équilibrer toutes les charges de structure de votre première année d'exercice (point mort) ?

Aurez-vous besoin de nouvelles ressources financières stables au cours des deuxième et troisième exercices ?

ChronoMicro

Dépannage et assistance informatique

53, avenue Pierre-Brossolette,
91330 Yerres
Tél. : 01 69 48 82 76
www.chronomicro-yerres.com

Il est des chiffres qui parlent d'eux-mêmes : aujourd'hui, plus d'un foyer français sur deux est équipé d'un micro-ordinateur et est raccordé à Internet ! Pourtant, si le taux d'équipement des ménages s'est envolé ces dernières années, le niveau de connaissance en informatique de ces quatorze millions d'utilisateurs n'a pas progressé au même rythme. Nombre d'entre eux restent incapables de résoudre seuls les multiples pannes dues aux bugs, virus, programmes espions et autres conflits de compatibilité entre logiciels, sans parler des seniors qui tous les jours acquièrent des ordinateurs et des boîtiers Internet et se retrouvent totalement démunis lorsqu'ils doivent les installer et les utiliser.

Michel est convaincu que seule l'adhésion à un réseau de franchise lui permettra d'être son propre patron tout en bénéficiant des avantages d'une mutualisation des compétences.

Ce sentiment d'impuissance face à un ordinateur qui fonctionne mal ou dont on ne sait pas se servir, Michel Roussel l'a souvent ressenti au cours de son parcours professionnel d'ingénieur électronicien chez Philips, puis de manager commercial chez Hewlett-Packard. Heureusement pour lui, il pouvait à l'époque bénéficier du support des départements informatiques de ces deux grandes entreprises.

C'est donc tout naturellement que le dépannage informatique à domicile s'impose à lui comme une activité porteuse et à forte croissance lorsqu'il décide de relever le défi de la création d'entreprise en 2004, après vingt-sept ans de salariat.

Michel est cependant mis en garde par ses anciens collègues, qui lui rappellent les difficultés rencontrées par les petites entreprises indépendantes du secteur de l'informatique. « *En informatique, tout bouge très vite et on est contraint de se spécialiser. Pour une petite entreprise, rassembler les compétences nécessaires pour régler tous les types de pannes représente un défi impossible à réaliser.* » Michel est vite convaincu que seule l'adhésion à un réseau de franchises lui permettra d'être son propre patron, tout en bénéficiant des avantages d'une mutualisation des compétences et des savoir-faire techniques.

Il approche alors plusieurs franchiseurs et porte rapidement son choix sur le réseau ChronoMicro : « *J'ai surtout aimé le professionnalisme et l'écoute de ses dirigeants et j'ai tout de suite partagé leur vision du marché et leur modèle économique.* » En effet, contrairement aux sociétés qui se consacrent uniquement au dépannage informatique à domicile, ChronoMicro a choisi de se positionner à la fois sur le marché des particuliers et sur celui des TPE (professions libérales, commerçants, indépendants, etc.), et d'offrir des services de dépannage sur place, de réparation en atelier et de vente de matériel. Ce modèle économique, conçu en 2000, a été éprouvé avec succès par le site pilote de la société sise rue Salneuve dans le XVIIe arrondissement de Paris.

> ***Michel retient l'assistance d'un expert-comptable, avec qui il élabore les comptes financiers prévisionnels et le plan de financement initial.***

Michel entame alors une étude de marché dans un secteur de l'Île-de-France qu'il connaît bien (quatorze communes autour de Yerres). Pour ce faire, il s'appuie sur les éléments globaux que lui fournit ChronoMicro et qu'il projette au niveau local en les croisant avec les données démographiques et socio-économiques obtenues auprès de la CCI et des services fiscaux de l'Essonne, et du cabinet Médiamétrie. Les résultats positifs qu'il recueille l'engagent à poursuivre son projet. Il retient donc l'assistance d'un expert-comptable, avec qui il élabore les comptes financiers prévisionnels et le plan de financement initial, qu'il prend soin de présenter à un grand nombre d'interlocuteurs afin de recueillir leur avis.

Ses besoins se montent à 20 000 € pour le droit d'entrée dans le réseau, 35 000 € pour le droit d'entrée dans le local commercial et les travaux d'aménagement, 10 000 € pour le mobilier et les matériels et 15 000 € pour le BFR.

Ses ressources comprennent 50 000 € d'apport personnel (dont deux prêts d'honneur de 10 000 € par la CCI de l'Essonne et l'Eden) et 60 000 € d'emprunt bancaire auprès de la BNP.

Michel s'adjoint également les services d'un avocat, qui l'aide à rédiger les statuts de sa SARL, à valider son contrat de franchise et à négocier un bail commercial 3/6/9 avec pas-de-porte pour la location d'une boutique de 70 m^2. « *La recherche de ce local, la négociation et les travaux d'aménagement ont été difficiles, mais j'ai été aidé par mon franchiseur. Les retombées commerciales d'un local ouvert sur rue sont indéniables, car une boutique constitue une vitrine technologique, rassure les clients et donne une identité tangible à l'entreprise.* »

Les retombées commerciales d'un local ouvert sur rue sont indéniables, car il constitue une vitrine, rassure les clients et donne une identité à l'entreprise.

Outre la recherche d'un local, l'embauche de techniciens compétents et la gestion des interventions ont constitué selon Michel le second grand défi qu'il a dû relever. Là encore, il se félicite d'avoir rejoint un réseau de franchises.

- Plus que de simples « bidouilleurs », il faut engager de vrais professionnels dotés d'un solide bagage technique (DUT et BTS en informatique et en maintenance réseau sont les profils types recherchés). C'est pourquoi Chrono-Micro met à la disposition de ses franchisés son site Internet d'offres d'emplois et participe à la sélection des candidats tant sur le plan technique (réalisation de tests professionnels) que comportemental (le relationnel des collaborateurs forge l'image de l'agence : « *Qu'un seul d'entre eux se conduise mal et la société risque d'être rapidement mal considérée* »).

- Pour ne pas tomber dans les travers fréquemment reprochés aux services après-vente et aux réparateurs, il est primordial de respecter les délais donnés aux clients et donc de mettre en place une organisation très rigoureuse du travail. ChronoMicro garantit ainsi un délai réaliste de quatre heures maximum, et les techniciens des agences peuvent s'appuyer sur une base de données commune et sur un support de second niveau centralisé. De plus, en cas de planning surchargé, un franchisé peut toujours faire appel en sous-traitance aux techniciens d'autres agences.

> ***À côté de la classique distribution de dépliants dans les boîtes aux lettres, Michel multiplie les communiqués de presse et les interviews dans les journaux locaux.***

La boutique sous franchise ouvre finalement ses portes en septembre 2006. Michel engage un premier technicien rémunéré en partie selon les prestations réalisées, puis lance une importante campagne de communication. À côté des formules classiques comme la distribution de dépliants dans les boîtes aux lettres (20 000 prospectus distribués avec l'aide de Médiapost), il multiplie les communiqués de presse et les interviews dans les journaux locaux et insère des messages publicitaires d'une demi-page dans les bulletins municipaux.

Au cours des trois années qui suivent l'ouverture, tous les signaux sont au vert : le nombre de clients s'accroît régulièrement (passant de 627 en 2007 à 1 500 environ à mi-2009), alors que le chiffre d'affaires et la marge augmentent respectivement de 20 et 27 % en 2008 puis de 30 et 45 % en 2009. Tous ces résultats positifs sont obtenus d'abord par la poursuite d'une action commerciale forte (mise en place d'un programme de parrainage, création d'un site Web, passage d'encarts dans les PagesJaunes, création de packs formation à domicile, etc.), mais aussi par une communication active sur l'avantage fiscal offert par le Plan de Développement — d'où la création en mars 2008 d'une seconde société permettant d'obtenir l'agrément des pouvoirs publics.

Pour reconnaître l'importance de l'investissement consenti par Chrono-Micro-Yerres et récompenser la qualité de sa gestion, les pouvoirs publics ont d'ailleurs décerné à la société le Trophée 2009 des Espoirs de l'Économie dans les SAP.

À ceux qui ont envie de se lancer dans le dépannage informatique à domicile, Michel recommande de choisir la voie du partenariat en franchise, qui permet de combiner proximité et professionnalisme, de se consacrer pleinement à la gestion et au commercial, enfin de soigner la qualité du service (le bouche-à-oreille est très important).

6 Les aspects juridiques, sociaux et fiscaux de votre projet

VOTRE PROJET COMMENCE PEU À PEU À PRENDRE FORME et il est désormais temps de lui donner une structure juridique adaptée à vos objectifs. C'est une décision importante, qui entraîne également de nombreuses conséquences sur les plans social et fiscal.

Dans ce domaine, il n'existe pas de solution miracle. À côté de l'association de la loi de 1901, qui a longtemps été la seule structure autorisée dans le domaine des SAP, deux grandes options s'offrent aux créateurs d'entreprise qui souhaitent exercer dans un but lucratif. Chacune présente des avantages et des inconvénients qu'il convient de bien connaître avant de se décider.

- **L'entreprise individuelle** (dite aussi **en nom propre** ou **en nom personnel**), dans laquelle l'entrepreneur et l'entreprise ne sont qu'une seule et même personne (le patrimoine personnel du créateur et le patrimoine professionnel sont juridiquement confondus), permet un fonctionnement opérationnel très simple. Cette solution est habituellement choisie par ceux qui ne désirent pas aller au-delà de la création de leur propre emploi ou qui souhaitent rester dans le cadre d'un effectif très réduit. C'est ce statut de l'entreprise individuelle, qui a représenté plus de 50 % des créations d'entreprises en 2008, que les pouvoirs publics ont voulu rendre plus aisé d'accès, avec la mise en place du régime de **l'auto-entrepreneur**. En devenant auto-entrepreneur, vous optez clairement pour le statut de l'entreprise individuelle, mais bénéficiez d'un ensemble de mesures spécifiques (visant à vous permettre d'exercer votre activité de façon régulière) ou administratives, notamment en ne payant vos charges sociales et fiscales qu'après avoir réellement démarré votre activité, c'est-à-dire après avoir constaté vos premiers encaissements.

Vous trouverez en annexe de cet ouvrage le détail des mesures spécifiques au régime de l'auto-entrepreneur, qui présente de nombreux atouts pour se lancer dans le secteur des SAP.

- **Les sociétés** (EURL, SARL, SAS, etc.) offrent une meilleure sécurité patrimoniale, *via* la création d'une personne morale distincte des personnes physiques qui la composent et dotée de la pleine capacité juridique. Cependant, elles imposent un mode de fonctionnement plus complexe et plus formel que l'entreprise individuelle.

Étudions en détail ces différentes structures et analysons leur impact sur votre futur statut fiscal et social, notamment en cas de cumul de statuts. Nous porterons également un regard global sur les principaux régimes matrimoniaux en usage en France.

L'entreprise individuelle

Avec ce type de structure, vous êtes l'unique maître à bord et décidez seul de vos orientations stratégiques et opérationnelles. Il vous suffit simplement de vous immatriculer en tant que personne physique, car vous ne formez qu'une seule personnalité juridique avec votre entreprise.

p. 191

Par ailleurs, un capital social n'est pas nécessaire — mais attention, cela ne vous libère pas de la nécessité d'engager des fonds pour financer les investissements et le BFR —, et vous n'avez pas de statuts à rédiger, ni de comptes annuels à publier et à faire approuver.

Le fait de créer une entreprise individuelle ne fait pas obstacle à ce que vous embauchiez des salariés. De plus, grâce au statut de « conjoint collaborateur non rémunéré », vous pouvez librement faire appel à votre conjoint pour vous aider dans la gestion de votre entreprise.

p. 245

Son mode de fonctionnement

En raison de l'absence de personnalité juridique autonome, vous restez libre d'organiser le fonctionnement de votre entreprise à votre guise. Cependant, dans l'optique d'une saine gestion, il est judicieux de distinguer ce qui relève de votre activité professionnelle de ce qui ressort du domaine de votre vie privée. Il est donc fortement conseillé de :

- Ouvrir un compte bancaire professionnel sans aucune « porosité » avec votre compte bancaire personnel et d'utiliser des moyens de paiement (cartes de crédit et chéquiers) distincts.

- Définir des procédures internes qui limitent les prélèvements monétaires sur la trésorerie de l'entreprise. Attention à la confusion des genres, qui peut mettre l'entreprise en péril !

Votre périmètre de responsabilité

Les patrimoines personnel et professionnel ne faisant qu'un, cela signifie deux choses.

- La notion d'« abus de bien social » n'a pas de sens ici et vous disposez donc d'une grande liberté d'utilisation et d'affectation des bénéfices.
- En contrepartie, vous serez tenu indéfiniment et globalement responsable des dettes de l'entreprise sur la totalité de vos biens — et sur ceux acquis avec votre conjoint si votre régime matrimonial est celui de la communauté réduite aux acquêts. De plus, en cas de dépôt de bilan, vos biens personnels pourront être saisis et vendus pour désintéresser vos créanciers. Vous serez également responsable de vos actes sur le plan pénal.

La loi pour l'initiative économique du 1er août 2003 permet à l'entrepreneur individuel d'isoler et de protéger sa résidence principale contre les poursuites d'éventuels créanciers. La loi de modernisation de l'économie du 4 août 2008 a étendu cette insaisissabilité à tous les biens fonciers bâtis et non bâtis, hors usage professionnel.

Votre régime fiscal

Dans la mesure où votre entreprise et vous-même êtes confondus en une seule et même personne, il n'y a pas d'imposition au niveau de l'entreprise. Les bénéfices issus de l'activité seront directement portés dans votre déclaration de revenus, au titre de l'impôt sur le revenu des personnes physiques (IRPP) dans la catégorie des *bénéfices industriels et commerciaux* (BIC) pour les activités commerciales et artisanales, ou des *bénéfices non commerciaux* (BNC) pour les activités exercées à titre libéral.

Votre régime social

Vous relèverez du régime des travailleurs indépendants non salariés non agricoles (TNS), y compris si vous optez pour le régime d'auto-entrepreneur.

p. 269

Dès la déclaration de l'entreprise, vous serez automatiquement inscrit auprès de deux organismes distincts :

- **Le régime social des indépendants** (RSI) pour l'assurance-maladie et l'assurance-vieillesse : la caisse régionale du RSI du lieu d'exercice déterminera le montant des cotisations d'assurance-maladie et vieillesse et prendra en charge le paiement des prestations maladie et le versement des prestations de retraite.
- **L'Urssaf** pour les allocations familiales : c'est elle qui calculera le montant des cotisations et qui procédera au paiement des allocations.

Depuis le 1er juillet 2006, le RSI remplace les caisses maladie régionales dépendant de la Canam (Caisse d'assurance-maladie des professions indépendantes) et les caisses de retraite dépendant de l'Organic (caisse de retraite des commerçants et des chefs d'entreprises commerciales), de la Cancava (Caisse nationale d'assurance-vieillesse des artisans) ou de la CNAVPL (Caisse Nationale d'Assurance-Vieillesse des Professions Libérales) pour les activités exercées à titre libéral comme le soutien scolaire.

L'adhésion obligatoire à ces deux organismes ne fait pas obstacle à la possibilité de cotiser à un régime complémentaire d'assurance-

Au démarrage de l'activité et sauf en cas d'auto-entrepreneur, le versement des cotisations d'assurance-maladie est à faire semestriellement « terme à échoir » (soit au début de la période pour laquelle elles sont dues), avec une régularisation des cotisations en deuxième année d'activité sur la base des chiffres réels.

Vous aurez un montant minimal à payer quelle que soit l'importance de vos revenus. En contrepartie, l'assurance-maladie prendra effet dès le début de votre activité.

vieillesse, invalidité-décès et retraite et de souscrire à une assurance personnelle contre le risque de chômage.

Sa transmission

Si par la suite vous désirez transmettre votre entreprise, vous pourrez procéder par cession du fonds, par apport au capital d'une société en création ou par location-gérance de l'exploitation. Ces modalités ont des implications fiscales importantes, qu'il vous faudra analyser préalablement à toute décision.

Avantages et inconvénients de l'entreprise individuelle

Principaux avantages	Principaux inconvénients
Création simple et mise en place rapide	Responsabilité de l'entrepreneur sur son patrimoine personnel
Pas de statuts ni de capital social	Financements bancaires plus chers et plus difficiles à obtenir
Coût réduit de constitution et de fonctionnement	Forte incidence du régime matrimonial
Grande liberté d'action du chef d'entreprise	

Les sociétés

Parmi les multiples structures sociétales existantes (entreprise unipersonnelle à responsabilité limitée, société anonyme à responsabilité limitée, société par actions simplifiée, société anonyme, société en nom collectif, société coopérative de production, etc.), les quatre premières sont les mieux adaptées au contexte des SAP et restent de ce fait les plus utilisées.

Dans toutes ces formes de sociétés, l'entreprise dispose d'un patrimoine qui lui est propre et qui reste distinct de celui des associés. Votre responsabilité en tant qu'entrepreneur s'appréciera alors en fonction de votre rôle dans l'entreprise.

20 % des créateurs d'entreprise de SAP optent pour l'entreprise individuelle, contre 80 % pour la forme sociétale (60 % pour l'EURL et la SARL, 20 % pour la SAS et la SA).

- **En tant qu'associé**, votre responsabilité restera limitée au montant de vos apports. Cette mesure, dont l'objet est de protéger votre patrimoine personnel de l'action des créanciers, restera malgré tout théorique, car les partenaires bancaires exigeront souvent une caution personnelle gagée sur vos biens pour accorder leur concours financier — la loi du 11 février 1994 institue cependant un ordre de priorité dans les biens pouvant être demandés par le banquier en garantie de l'octroi d'un prêt.
- **En tant que représentant légal, associé ou non**, vous serez garant de la bonne gestion de l'entreprise à l'égard des associés et des tiers. Votre responsabilité pourra donc être engagée pour abus de bien social si vous avez disposé des avoirs de l'entreprise à des fins personnelles, ou pour faute de gestion lourde avec mise en jeu possible de vos biens personnels pour couvrir les dettes de l'entreprise dans le cadre d'une action en comblement de passif. Vous pourrez également être tenu pénalement responsable en cas de d'infractions de droit commun commises dans le cadre de vos fonctions.

L'action en comblement de passif est une sanction appliquée par le tribunal de commerce au dirigeant dont la gestion a été jugée fautive et dont la société est mise en redressement ou en liquidation judiciaire. Le dirigeant est condamné à payer les dettes sociales qui n'ont pu être réglées sur les avoirs de l'entreprise dont il assumait la gestion.

L'entreprise unipersonnelle à responsabilité limitée (EURL)

L'EURL est une SARL à associé unique (personne physique ou personne morale). En choisissant ce statut, vous préservez votre indépendance et votre liberté de décision, tout en créant une personnalité juridique autonome et dotée d'un patrimoine propre.

p. 191

L'EURL étant une société à part entière, il vous faut accomplir plusieurs tâches.

- Rédiger des statuts, choisir une dénomination et un siège social.
- Apporter un capital social, au montant librement défini et le répartir en parts sociales dont vous serez, en tant qu'actionnaire unique, le seul titulaire.
- Nommer un commissaire aux comptes si certaines conditions sont remplies.

Un commissaire aux comptes doit être nommé si deux des trois conditions suivantes sont remplies :
- bilan supérieur à 550 000 € ;
- chiffre d'affaires supérieur à 3 100 000 € ;
- plus de 50 salariés.

Son mode de fonctionnement

L'EURL est soumise aux dispositions légales qui réglementent toute personne morale et qui imposent notamment une stricte séparation entre les actes de gestion courante et les décisions majeures.

- La gestion et l'administration courante de l'entreprise sont assurées par un gérant nommé par l'associé unique. Chaque année, le gérant doit établir un rapport d'activité sur sa gestion en complément des comptes sociaux de la société.
- Les décisions majeures sont prises par l'associé unique. Elles comprennent principalement l'approbation des comptes, l'affectation

des résultats et la modification des statuts. Si l'associé unique est aussi le gérant, il est dispensé de convoquer des assemblées générales ordinaires pour approuver les comptes.

> Dans la grande majorité des cas, c'est l'associé unique qui est le gérant. Toutefois, cela n'est pas obligatoire, et le gérant peut déléguer cette fonction à une personne physique tierce.

- L'article 56 de la loi de modernisation de l'économie du 4 août 2008 autorise l'emploi de statuts types pour l'associé unique, personne physique, qui assure la gérance de l'EURL. Il dispense également de l'obligation de mention du récépissé de dépôt des comptes annuels délivré par le greffe du tribunal de commerce sur le registre de la société.

Votre régime fiscal

p. 221

Bien que dotée d'une personnalité juridique autonome, l'EURL est fiscalement considérée comme transparente, et il n'y a pas d'imposition au niveau de la société. Les bénéfices de la société sont directement taxés au nom de l'associé unique au titre de l'IRPP dans la catégorie des *BIC* ou des *BNC* — la rémunération perçue dans les fonctions de gérant étant réintégrée aux bénéfices sociaux et imposée dans les mêmes conditions.

Si l'associé unique est une personne morale, la société est obligatoirement soumise à l'impôt sur les sociétés (IS).

En tant qu'associé unique, personne physique, vous pouvez cependant opter également pour l'imposition de l'entreprise à l'IS. Ce choix irrévocable est à exprimer dans les trois mois suivant l'immatriculation de la société ou à la fin de chaque exercice.

Dans le cas particulier où le gérant n'est pas l'associé unique de l'EURL, il est imposé au titre de sa rémunération éventuelle à l'impôt sur le revenu dans la catégorie des Traitements et Salaires (TS). Il bénéficie donc de l'abattement de 10 %. Sa rémunération est déductible des bénéfices de l'entreprise si elle est proportionnelle aux services rendus et si elle correspond à un travail effectif.

- Vous serez alors considéré comme un salarié et relèverez de l'IRPP dans la catégorie des *traitements et salaires (TS)* au titre des rémunérations perçues. Vous pourrez déduire de votre imposition vos frais professionnels au réel justifié ou appliquer l'abattement forfaitaire de 10 %.
- Les dividendes perçus seront imposés soit au forfait (18 %), soit au titre de l'IRPP dans la catégorie des *revenus mobiliers*. Ils ne seront pas soumis à cotisations, à l'exception notamment de la CSG, de la CRDS, du prélèvement social de 2 % et de la contribution additionnelle au prélèvement social.

p. 222

Votre régime social

Dans la mesure où, en tant qu'associé unique, vous exercez une activité professionnelle au sein de l'entreprise sans jamais avoir de contrat de travail — que vous soyez ou non gérant et même si vous ne retirez aucune rémunération de cette activité —, vous relevez du régime des travailleurs indépendants non salariés non agricoles (TNS). Vous devez donc obligatoirement cotiser au RSI pour l'assurance-maladie et la retraite, et à l'Urssaf pour les allocations familiales :

- sur la totalité du bénéfice de l'EURL si celle-ci est soumise à l'IRPP ;

Dans le cas où une tierce personne (non associée unique) est nommée gérante d'une EURL et perçoit une rémunération au titre de son mandat social, elle est considérée comme « assimilée salariée » et relève du régime général des salariés, excepté pour Pôle Emploi et les dispositions du droit du travail.

- sur votre rémunération, dividendes exclus, si l'EURL a opté pour l'IS — en l'absence de rémunération, vous serez soumis au versement d'une cotisation minimale au titre de l'assurance-maladie et de la retraite.

Vous pouvez compléter ces régimes en vous inscrivant à un régime complémentaire d'assurance-vieillesse, invalidité-décès et retraite et en souscrivant à une assurance personnelle contre le risque de chômage.

Si la tierce personne gérante est par ailleurs titulaire d'un contrat de travail pour des fonctions techniques distinctes de son mandat social, elle a le statut de salarié. La réalité d'un lien de subordination entre elle et la société sera alors vérifiée par Pôle Emploi.

p. 269

Attention, si les fonctions de gérant sont exercées par votre conjoint, celui-ci est considéré comme un gérant majoritaire et relève à ce titre du régime social des non-salariés (TNS).

Sa transmission

La transmission d'une EURL s'opérera par cession de parts sociales, l'acquéreur supportant des droits d'enregistrement et le vendeur étant soumis à l'impôt sur les plus-values.

Avantages et inconvénients de l'EURL

Principaux avantages	Principaux inconvénients
Engagement de l'associé unique limité au montant de ses apports	Frais et formalisme de constitution
Montant du capital librement fixé par l'associé unique sans minimum obligatoire	Risque pour l'associé unique, en cas d'unicité de gestion, d'être accusé d'abus de biens sociaux en confondant comptes personnels et comptes de l'entreprise
Possibilité de démarrer en n'ayant libéré que 20 % des apports en espèces, le solde dans les 5 ans	

Principaux avantages	Principaux inconvénients
Facilité de cession et de transmission du patrimoine professionnel de l'entrepreneur Possibilité d'opter pour l'IS et de réduire ainsi l'assiette des cotisations sociales	Obligation, sous conditions, de recourir aux services d'un commissaire aux comptes

La société à responsabilité limitée (SARL)

La SARL est la structure juridique la plus fréquemment retenue pour les SAP. Elle offre les mêmes sécurités patrimoniales que l'EURL, mais permet en outre de s'assurer le concours d'associés apportant des moyens financiers et des compétences professionnelles supplémentaires. Voici ses caractéristiques.

> Attention, si le montant du capital social n'est pas cohérent avec les exigences économiques du projet, la responsabilité personnelle du gérant et des associés fondateurs peut être engagée en cas de souci ultérieur !

- Les associés personnes physiques ou morales (entre deux et cent) doivent choisir une dénomination et un siège social, et rédiger les statuts de l'entreprise.
- Ils doivent également doter la société d'un capital social au montant librement déterminé et réparti en parts sociales au prorata de leurs apports respectifs.
- Dans les mêmes conditions que pour l'EURL, un commissaire aux comptes doit être nommé.

Son mode de fonctionnement

La loi établit une séparation stricte entre les actes de gestion courante et les décisions majeures.

- **Le gérant** — il peut y avoir plusieurs cogérants —, nommé en assemblée générale ordinaire ou par les statuts et choisi parmi les associés ou à l'extérieur, assure l'administration courante de la société. Sauf limitation particulière prévue par les statuts, il a tous les pouvoirs pour engager la société dans l'intérêt des associés et des salariés. Il est tenu de préparer un rapport de gestion en complément des comptes annuels de la société et d'en assurer la publication et le dépôt auprès du greffe du tribunal de commerce.

Évitez de créer une SARL avec deux cogérants détenant chacun 50 % des parts. En cas de mésentente des associés, ce cas de figure peut créer une situation de blocage préjudiciable à la pérennité de l'entreprise et aboutir à la dissolution judiciaire, sauf à établir un pacte d'associés qui désigne un médiateur et organise la résolution des conflits.

- **L'assemblée** représente la collectivité des associés. Elle a un pouvoir de contrôle sur les activités de la gérance, ce contrôle s'exerçant *a posteriori* lors de l'approbation des comptes annuels et pouvant se traduire par des recommandations, des sanctions, voire la révocation du gérant ou des cogérants.

Dès lors que les statuts le prévoient et hormis les votes portant sur le rapport de gestion, l'inventaire ou les comptes annuels établis par le gérant et pour l'approbation des comptes consolidés pour un groupe de sociétés, l'article 56 de la loi de modernisation de l'économie de 2008 introduit les innovations suivantes.

- Les associés ont la possibilité de participer aux assemblées générales par des moyens de visioconférence sécurisés qui permettent une retransmission en continu et simultanée des délibérations et la transmission de la voix des participants.
- Les associés peuvent participer aux débats par conférence téléphonique et voter les résolutions au moyen d'un code d'iden-

Les décisions de contrôle et d'approbation de la gestion se prennent en assemblée générale ordinaire, alors que celles relatives à la modification des statuts se prennent en assemblée générale extraordinaire (AGE). La loi du 2 août 2005 impose des conditions particulières de quorum et de majorité pour les AGE.

tification fourni préalablement à la tenue de l'assemblée.

- Enfin, il est possible de voter aux assemblées *via* Internet si la société a aménagé un site exclusivement dédié à cette fin et si les associés disposent d'un code d'identification fourni préalablement à la tenue de l'assemblée. En cas d'incident technique perturbant le bon déroulement de l'assemblée, le procès-verbal d'assemblée doit en faire mention.

Votre régime fiscal

L'IS étant la règle d'imposition des SARL, si vous percevez une rémunération au titre de votre mandat social de gérant, vous serez personnellement imposé à l'IRPP dans la catégorie des *TS*. Vous pouvez déduire vos frais professionnels au réel justifié ou en appliquant l'abattement forfaitaire de 10 % dans les mêmes conditions que les salariés.

p. 222

Dans deux cas de figure il est possible d'opter pour l'impôt sur le revenu en lieu et place de l'impôt sur les sociétés.

- Dans le cas des SARL dites « de famille », c'est-à-dire constituées des parents du gérant en ligne directe ou de ses frères et sœurs et de leurs conjoints. Les bénéfices de la société sont alors assimilés à des rémunérations, et chaque associé est imposé au prorata de ses parts dans la catégorie des *BIC*.
- Dans le cas des SARL créées depuis moins de cinq ans. Cette option d'une durée maximum de cinq ans nécessite l'accord unanime des associés et concerne les entreprises qui emploient

moins de cinquante salariés, avec un chiffre d'affaires annuel ou un total de bilan inférieur à 10 millions d'euros et dont les droits de vote sont détenus à hauteur de 50 % au moins par des personnes physiques et à hauteur de 34 % au moins par les dirigeants et les membres de leur foyer fiscal.

Par ailleurs, l'associé non-gérant qui exerce une activité salariée et formalisée par un contrat de travail avec l'entreprise est imposé à l'IRPP dans la catégorie des *TS*.

Enfin, les dividendes perçus par tous les associés sont imposés au titre de l'IRPP dans la catégorie des *revenus mobiliers*.

Votre régime social

Le statut d'un gérant de SARL est différent selon qu'il est minoritaire ou majoritaire.

Le gérant minoritaire — qui détient au plus 50 % du capital de l'entreprise — est considéré, dans la mesure où il perçoit une rémunération, comme « assimilé salarié ». Il relève donc du régime général des salariés et bénéficie de l'ensemble de ses prestations, à l'exception de l'assurance-chômage — il peut toutefois couvrir ce risque en souscrivant une assurance privée. Par ailleurs, n'étant pas soumis aux dispositions du droit du travail, il n'est pas licenciable, mais seulement révocable et ne peut prétendre ni à l'indemnité compensatrice de congés payés, ni au préavis, ni à l'indemnité pour rupture abusive ou à la compétence du conseil des prud'hommes.

L'associé minoritaire peut éventuellement cumuler une fonction de gérant avec un contrat de travail relatif à des fonctions techniques distinctes de la gérance. Il sera donc considéré à ce titre comme un véritable salarié. Néanmoins, pour l'accès aux prestations d'assurance-chômage, Pôle Emploi vérifie s'il existe un lien réel de subordination entre lui et la société.

p. 269

Le gérant majoritaire — qui, avec son conjoint et ses enfants mineurs, possède plus de 50 % du capital — relève obligatoirement du régime des travailleurs indépendants non salariés non agricoles (TNS). Il devra donc s'affilier au RSI et à l'Urssaf, indépendamment du fait de percevoir ou non une rémunération — en l'absence de rémunération, une cotisation minimale est due au titre de l'assurance-maladie et de la retraite. Il pourra combler les lacunes de sa protection sociale, notamment contre le risque de chômage, en cotisant auprès d'une société d'assurance privée. Contrairement au gérant minoritaire, il ne peut jamais cumuler ses fonctions de gérant avec un contrat de travail dans l'entreprise.

Attention, s'il y a plusieurs gérants, chacun sera considéré comme majoritaire dès lors que les cogérants détiennent ensemble plus de 50 % des parts sociales.

Par ailleurs, **l'associé non-gérant** qui exerce une activité salariée et formalisée par un contrat de travail avec l'entreprise relève tout naturellement du régime général des salariés — même s'il est majoritaire.

Sa transmission et son évolution

Pour des **opérations d'augmentation ou de diminution de capital**, les associés peuvent spécifier dans les statuts que le capital pourra varier entre un minimum et un maximum (cette option supprime le formalisme inhérent à ce type d'opérations).

Pour des **opérations de cession de parts sociales**, les associés peuvent librement les réaliser entre eux, avec leurs conjoints, ascendants et descendants, sauf agrément requis dans les statuts. Seules les cessions à des tiers étrangers à la société restent soumises au consentement des associés représentant au moins la moitié des parts sociales (il est possible de spécifier une majorité plus forte dans les statuts). Ces cessions supporteront des droits d'enregistrement à la charge de l'acquéreur et seront soumises à l'impôt sur les plus-values à la charge du vendeur.

Avantages et inconvénients de la SARL

Principaux avantages	Principaux inconvénients
Engagement des associés limité au montant de leurs apports Montant du capital librement fixé par les associés sans minimum obligatoire Possibilité de démarrer en n'ayant libéré que 20 % des apports en espèces, le solde dans les 5 ans Possibilité pour le dirigeant d'avoir la couverture sociale des salariés et pour les associés non dirigeants d'être salariés de la société Structure évolutive facilitant le partenariat	Formalisme et coût de constitution (rédaction des statuts, procès-verbaux de décisions, etc.) Fonctionnement plus lourd que pour une EURL (assemblées générales, rapports d'activité) Obligation, sous conditions, de recourir aux services d'un commissaire aux comptes

La société par actions simplifiée (SAS)

De création plus récente, la SAS est une structure juridique adoptée par un nombre croissant d'entreprises de SAP ayant des objectifs de développement important, mais ne désirant pas faire un appel public à l'épargne (obligations). Tout en offrant une séparation des patrimoines, elle permet en effet une très grande souplesse d'organisation, ainsi qu'une meilleure garantie aux partenaires extérieurs.

La loi de modernisation de l'économie du 4 août 2008 a assoupli avec son article 59 les règles de création et de fonctionnement des SAS.

Ainsi depuis le 1er janvier 2009, le montant du capital social est librement fixé par les associés dans les statuts. De plus, le contrôle obligatoire de la gestion et des comptes par un ou plusieurs commissaires aux comptes n'est plus systématique.

Les SAS peuvent être créées par une ou plusieurs personnes physiques ou morales sans limitation de nombre. En cas d'associé unique, on parle de société par actions simplifiée unipersonnelle (SASU). Cette structure obéit aux mêmes règles que la SAS et bénéficie des mêmes libertés et souplesse d'organisation.

p. 191

Il demeure obligatoire :

- Pour les entreprises ayant un total de bilan d'1 million d'euros, un chiffre d'affaires HT de 2 millions d'euros et plus de vingt salariés permanents. Ces trois conditions étant cumulatives, si deux de ces seuils ne sont pas dépassés dans les deux ans précédant l'expiration du mandat du commissaire aux comptes, il n'est plus obligatoire d'en renouveler le mandat.
- Pour les entreprises contrôlées par une personne morale ou ayant le contrôle sur une ou plusieurs sociétés.
- Sur demande expresse en référé de la part d'associés représentant au moins 10 % des actions.

Son mode de fonctionnement

Il est laissé par la loi au libre choix du ou des associés. Ce sont eux qui décident dans les statuts des modes suivants.

- **Direction de la société** : nomination d'un président unique (possibilité de choisir un dirigeant non-actionnaire ou une personne morale) ou d'un collège de direction avec désignation d'un représentant légal habilité à engager la société (président, directeur général ou directeur général délégué), modalités de contrôle et de révocation des dirigeants, délégation de pouvoir à des comités spéciaux, etc.
- **Adoption des décisions collectives** : nature des décisions, conditions de forme, de quorum, de majorité. La loi définit cependant les décisions majeures, qui doivent obligatoirement

être prises collectivement par les associés : approbation des comptes, affectation des résultats, modification des statuts de l'entreprise, nomination ou changement de commissaire aux comptes, etc. L'article 59 de la loi de modernisation de l'économie du 4 août 2008 a simplifié certaines formalités dans les SAS à associé unique (SASU). Depuis le 1er janvier 2009, celui-ci est dispensé de déposer son rapport de gestion au greffe du tribunal de commerce.

De plus, la procédure d'approbation des comptes annuels peut être validée par le simple dépôt au greffe du tribunal de commerce, dans les six mois de la clôture de l'exercice, de l'inventaire et des comptes annuels. Enfin, l'obligation de mentionner le récépissé de dépôt de ces documents au greffe du tribunal de commerce sur le registre de la société est supprimée.

> Comme la loi n'impose que très peu de règles dans le mode de fonctionnement d'une SAS, les statuts doivent être rédigés avec une rigueur toute particulière, de façon à éviter malentendus et incompréhensions entre les fondateurs. Il est donc recommandé de faire appel à un juriste.

En matière de fiscalité, si l'imposition à l'IS est la règle, il existe une option pour l'imposition des bénéfices à l'IRPP. Cette option d'une durée maximum de cinq ans nécessite l'accord unanime des associés et concerne les entreprises qui emploient moins de cinquante salariés, avec un chiffre d'affaires annuel ou un total de bilan inférieur à 10 millions d'euros et dont les droits de vote en assemblée des actionnaires sont détenus à hauteur de 50 % au moins par des personnes physiques et à hauteur de 34 % au moins par les dirigeants et les membres de leur foyer fiscal.

Votre régime fiscal

En tant que président d'une SAS, vous relevez du régime fiscal des salariés, que vous soyez titulaire ou non d'un contrat de travail.

p. 222

La rémunération que vous percevez est déductible de l'assiette de l'impôt sur les sociétés si elle reste mesurée, et est imposée au titre de l'IRPP dans la catégorie des *TS*. En matière de frais professionnels, vous pouvez opter pour la déduction au réel justifié ou choisir d'appliquer l'abattement forfaitaire de 10 % comme l'ensemble des salariés.

Par ailleurs, l'actionnaire non-président qui exerce une activité salariée et formalisée par un contrat de travail avec l'entreprise est imposé à l'IRPP dans la catégorie des *TS*.

Enfin, les dividendes perçus par tous les actionnaires personnes physique sont imposés au titre de l'IRPP dans la catégorie des *revenus mobiliers*.

Votre régime social

p. 269

En tant que président d'une SAS, vous êtes considéré comme « assimilé salarié » dès lors que vous percevez une rémunération au titre de votre mandat. Vous relevez alors du régime général des salariés à l'exception des prestations d'assurance-chômage — vous pouvez cependant couvrir ce risque en souscrivant une assurance privée — et des dispositions du droit du travail. En cas de conflit avec la société, vous ne bénéficierez ni de l'indemnité compensatrice de congés payés, ni du préavis, ni de l'indemnité pour rupture abusive ou de la compétence du conseil des prud'hommes.

Vous pouvez toutefois cumuler votre mandat social avec un contrat de travail relatif à des fonctions techniques distinctes. À ce titre, vous serez considéré comme un véritable salarié, mais ne serez couvert par Pôle Emploi que s'il existe un lien de subordination réel entre vous et l'entreprise.

Par ailleurs l'associé qui, sans être gérant, exerce une activité salariée et formalisée par un contrat de travail avec l'entreprise, relève tout naturellement du régime général des salariés.

Les contrats d'assurance volontaire de type « Loi Madelin » permettent aux professionnels ne bénéficiant pas des prestations d'assurance-chômage de déduire leurs cotisations annuelles de leur bénéfice imposable.

Sa transmission

Les modalités de transmission des actions sont librement déterminées par les associés fondateurs. Vous pouvez par exemple spécifier dans les statuts les conditions d'entrée et de sortie des associés, avec notamment des clauses d'agrément préalable en cas de cession à des tiers ou même entre associés. Ces cessions supporteront des droits d'enregistrement de 3 % plafonné à 5 000 euros à la charge de l'acquéreur et seront soumises à l'impôt sur les plus-values professionnelles à la charge du vendeur. Elles s'opèrent par simples virements de compte à compte.

Avantages et inconvénients de la SAS

Principaux avantages	Principaux inconvénients
Souplesse contractuelle dans la définition de l'organisation et du fonctionnement de l'entreprise	Frais et formalisme de constitution
Engagement des associés limité aux apports	Obligation d'être très rigoureux dans la rédaction des statuts
Plus de capital minimum	
Facilité du passage de la forme unipersonnelle à la forme pluripersonnelle, et inversement	
Facilité de cession des actions	
Crédibilité vis-à-vis des partenaires (banquiers, clients, fournisseurs, etc.)	

La société anonyme (SA)

La société anonyme est une structure juridique adaptée aux projets d'envergure qui nécessitent des capitaux importants pour leur mise en œuvre. Ses caractéristiques sont les suivantes.

- Elle réunit un minimum de sept actionnaires, personnes physiques ou morales.

- Elle requiert un capital social minimal de 37 000 €, libérable pour moitié à la constitution de la société et pour l'autre moitié dans les cinq ans qui suivent la création. Les apports en industrie (compétences techniques, fichiers commerciaux, etc.) sont exclus.
- Elle est soumise de droit à l'IS pour ses bénéfices, sauf à utiliser l'option de l'imposition sur le revenu. Cette option d'une durée maximum de cinq ans nécessite l'accord unanime des associés et concerne les entreprises qui emploient moins de cinquante salariés, avec un chiffre d'affaires annuel ou un total de bilan inférieur à 10 millions d'euros et dont les droits de vote en assemblée des actionnaires sont détenus à hauteur de 50 % au moins par des personnes physiques et à hauteur de 34 % au moins par les dirigeants et les membres de leur foyer fiscal.
- Elle est soumise à un contrôle obligatoire de la gestion et des comptes par un commissaire aux comptes.

Il existe différentes sortes de SA. La plus répandue, étudiée ici, est la SA avec un président-directeur général et un conseil d'administration. Toutefois, on peut également créer des SA dirigées par un conseil de surveillance et un directoire.

Son mode de fonctionnement

La loi a fixé clairement le rôle et les responsabilités des différents organes de direction de l'entreprise.

- La SA est dirigée par un conseil d'administration de trois à dix-huit administrateurs obligatoirement actionnaires, qui définit les orientations stratégiques de l'entreprise et ses modalités de mise en œuvre. Cette collectivité d'actionnaires nomme en son sein un président et désigne un directeur général qui assure la gestion courante de la société et sa représentation auprès des tiers.
- La communauté des actionnaires se réunit en assemblées générales pour se prononcer sur la gestion de l'entreprise et prendre les décisions liées à son organisation et à son fonctionnement :
  - Une fois par an au minimum, l'**assemblée générale ordinaire** (AGO) se réunit pour approuver les comptes, procéder à la nomination de nouveaux administrateurs et se prononcer sur des conventions conclues entre la société et ses administrateurs ou dirigeants. Les décisions se prennent à la majorité simple (50 % + 1 voix), sous condition que les actionnaires présents ou représentés rassemblent, en première convocation, un quorum de 25 % des actions. Faute d'avoir atteint ce seuil, une seconde convocation, sans quorum, est alors nécessaire pour que l'assemblée puisse avoir lieu.

    Les actionnaires peuvent s'opposer aux décisions s'il réunit une minorité de blocage qui représente 50 % des voix en AGO et seulement 33 % + 1 voix pour les décisions prises en AGE.

  - L'**assemblée générale extraordinaire** (AGE) se réunit pour se prononcer sur toute modification des statuts de l'entreprise (transfert du siège social, modification du capital, agrément de nouveaux actionnaires, etc.). Les décisions ne peuvent être prises qu'à la majorité des deux tiers des voix (soit 66,66 %). Pour statuer valablement, les actionnaires présents ou représentés doivent rassembler en première convocation un quorum de 25 % des actions. Faute d'avoir atteint ce seuil, une seconde convocation est nécessaire. Elle doit intervenir dans les deux mois et réunir au moins 20 % des parts des actionnaires présents ou représentés.

Votre régime fiscal

Le président du conseil d'administration et le directeur général d'une SA relèvent du régime fiscal des salariés, qu'ils soient titulaires ou non d'un contrat de travail. La rémunération qu'ils perçoivent est déductible de l'assiette de l'impôt sur les sociétés si elle n'est pas excessive, et est imposée au titre de l'IRPP dans la catégorie des *TS*. En matière de frais professionnels, le président du conseil d'administration et le directeur général d'une SA peuvent choisir d'appliquer l'abattement forfaitaire de 10 % ou opter pour la déduction au réel justifié.

Pour les administrateurs, il convient de distinguer trois catégories.

- Les administrateurs titulaires d'un contrat de travail avec l'entreprise sont imposés à l'IRPP dans la catégorie des *TS* et ont le choix en matière de frais professionnels entre l'abattement forfaitaire de 10 % et la déduction au réel justifié.
- Les administrateurs recevant une rémunération exceptionnelle pour la réalisation d'une mission ponctuelle sont imposés au titre de l'IRPP dans la catégorie des *TS* ou dans celle des *BNC* selon les conditions d'exercice de la mission.
- Les administrateurs qui n'ont pas de contrat de travail avec l'entreprise et qui perçoivent des jetons de présence au titre de

leur participation à la gestion de l'entreprise sont imposables à l'IRPP dans la catégorie des *revenus mobiliers*. Leurs jetons sont déductibles des charges de l'entreprise s'ils ne dépassent pas le seuil des 5 % du montant de la rémunération moyenne annuelle des salariés les mieux rémunérés multiplié par le nombre d'administrateurs en poste.

Enfin, les dividendes perçus par les administrateurs ou par les simples actionnaires — quelle que soit leur relation avec l'entreprise — sont imposés à l'IRPP dans la catégorie des *revenus mobiliers*.

Votre régime social

Le président du conseil d'administration et le directeur général d'une SA relèvent du régime des « assimilés salariés » pour la rémunération perçue au titre de leur mandat social. Ils bénéficient du régime général de Sécurité sociale et de retraite des salariés, à l'exception du droit au versement des prestations Pôle Emploi — ils peuvent souscrire une assurance privée pour couvrir ce risque — et des dispositions du droit du travail. En cas de conflit avec la société, ils ne bénéficieront ni de l'indemnité compensatrice de congés payés, ni du préavis, ni de l'indemnité pour rupture abusive ou de la compétence du conseil des prud'hommes.

Par ailleurs, s'ils ont conclu, antérieurement à leur nomination, un contrat de travail avec l'entreprise pour l'exercice de fonctions techniques distinctes du mandat social, ils relèvent du statut des salariés et bénéficient donc du versement des prestations d'assurance-chômage sous trois réserves.

- Le contrat de travail doit être considéré comme réel et sérieux.
- Il doit exister un lien de subordination réel et vérifiable entre le dirigeant salarié et l'entreprise.
- Une distinction claire doit être faite entre les fonctions d'administration de l'entreprise et les fonctions techniques exercées.

Enfin, les simples administrateurs d'une SA, non titulaires d'un contrat de travail, ne relèvent ni du régime des salariés ni de celui des travailleurs non salariés — les jetons de présence reçus ne sont pas considérés comme une rémunération et ne font l'objet d'aucun prélèvement social. S'ils exercent en revanche une activité salariée et formalisée par un contrat de travail avec l'entreprise, les administrateurs relèvent du régime général des salariés sous les mêmes réserves décrites plus haut pour le président du conseil d'administration et le directeur général.

Sa transmission

Ce sont les statuts de l'entreprise qui déterminent les modalités de transmission des actions. C'est le cas en particulier pour les conditions d'entrée et de sortie des associés, avec notamment des clauses d'agrément préalable en cas de cession à des tiers ou même entre associés. Ces cessions d'actions sont assujetties à un droit d'enregistrement de 3 % plafonné à 5 000 euros, à la charge de l'acquéreur, et sont soumises à l'impôt sur les plus-values professionnelles à la charge du vendeur.

Le nombre d'administrateurs d'une SA ayant conclu un contrat de travail avec l'entreprise ne peut dépasser le tiers du total des administrateurs.

Avantages et inconvénients de la SA

Principaux avantages	Principaux inconvénients
Engagement des actionnaires limité aux apports	Frais et formalisme de constitution, lourdeur de fonctionnement
Avantages du statut de salarié pour le président	Capital minimal de 37 000 €
Facilité et faible coût de cession des actions	Obligation de recourir systématiquement à un ou plusieurs commissaires aux comptes
Crédibilité vis-à-vis des partenaires (banquiers, clients, fournisseurs, etc.)	Révocabilité sans préavis ni indemnités du président et des membres du conseil d'administration

En cas de cumul de statuts

Le cumul avec une autre activité

Sur le plan fiscal, c'est l'imposition par catégorie de revenus qui est la norme.

p. 25

- En cas de cumul de deux activités salariées, les salaires seront imposables dans la catégorie des TS avec déduction des frais au réel ou au forfait de 10 % sur le montant des salaires cumulés.
- En cas de cumul d'une activité salariée et d'une activité non salariée, les salaires seront imposables dans la catégorie des TS alors que les revenus non salariaux resteront imposables au titre des BIC ou des BNC.
- En cas de cumul de deux activités non salariées, les revenus seront imposables dans leurs catégories respectives (BIC, BNC ou BA). Les modalités fiscales simplifiées du régime de la micro-entreprise peuvent s'appliquer si vous ne générez pas un CA supérieur à 32 000 euros pour votre activité non salariée de SAP.

Sur le plan social, des règles particulières s'appliquent en revanche en fonction des différentes combinaisons possibles de vos statuts respectifs. Dans tous les cas, il vous est conseillé de vous rapprocher des organismes sociaux concernés.

Le cumul avec une retraite

Sur le plan fiscal, vos pensions de retraite seront imposables dans la catégorie des TS alors que vos revenus tirés de votre activité d'entrepreneur dans les SAP seront déclarés au titre des TS, BIC ou BNC selon la structure juridique et le statut social choisi.

Sur le plan social, et bien que retraité, vous serez tenu de cotiser au régime social dont vous dépendrez au titre de votre nouvelle activité et vous serez par conséquent redevable des cotisations d'allocations familiales, de l'assurance-maladie/maternité et de retraite (attention, ces cotisations retraite peuvent n'ouvrir aucun droit).

Surtout, la combinaison de votre statut social antérieur et de celui choisi pour votre nouvelle activité pourra avoir de fortes incidences sur la perception de votre pension de retraite (sauf si vous êtes retraité de la fonction publique).

Ces règles de cumul emploi/retraite ont été considérablement simplifiées par la loi sur le financement de la Sécurité sociale de 2009. Dorénavant, les conditions de ressources entraînant suspension de pension ne s'appliquent plus aux retraités du régime général, du régime social des indépendants, du régime de l'assurance-vieillesse des professions libérales et du régime agricole qui remplissent les deux conditions cumulatives suivantes.

Votre régime social en cas de cumul avec une autre activité

	Vous êtes salarié	Vous êtes indépendant
Vous ajoutez une activité relevant du régime des TNS (par exemple, entrepreneur individuel, gérant d'EURL ou gérant majoritaire rémunéré de SARL).	Vous cotiserez simultanément aux deux régimes concernés, mais vous ne bénéficierez de prestations que dans le régime dont relève votre activité principale. Cependant, si votre activité principale est l'activité non salariée, vous pourrez percevoir des indemnités maladie-maternité et invalidité au titre de votre régime salarié. Dans tous les cas, le pluriactif cumulera les prestations de retraite acquises dans les deux régimes. *(pour plus de détails, cf. site APCE)*	Vous cotiserez aux caisses sociales dont relève votre activité principale (déterminée en fonction des revenus). Les cotisations sont calculées sur la base du revenu total provenant de vos différentes activités. Le régime applicable est déterminé une fois par an, pour une période allant du 1er janvier au 31 décembre de l'année suivante, en fonction des activités exercées au cours de l'année civile précédente. Les diverses prestations seront versées par le régime auquel vous serez affilié. *(pour plus de détails, cf. site APCE)*
Vous ajoutez une activité salariée ou assimilée (gérant minoritaire ou égalitaire de SARL par exemple).	Vous réglerez vos cotisations de Sécurité sociale et de retraite complémentaire en fonction des rémunérations effectivement reçues dans chaque emploi. Vos prestations seront toutefois calculées et versées comme si l'ensemble de vos salaires avait été réglé par un seul employeur. *(pour plus de détails, cf. site APCE)*	Vous cotiserez simultanément aux deux régimes concernés, mais vous ne bénéficierez de prestations que dans le régime dont relève votre activité principale. Cependant, si votre activité principale est l'activité non salariée, vous pourrez percevoir des indemnités maladie-maternité et invalidité au titre de votre régime salarié. Dans tous les cas, le pluriactif cumulera les prestations de retraite acquises dans les deux régimes. *(pour plus de détails, cf. site APCE)*

Votre régime social en cas de cumul avec une retraite

	Vous étiez salarié	Vous étiez indépendant
Vous reprenez une activité relevant du régime des TNS (entrepreneur individuel, gérant d'EURL ou gérant majoritaire de SARL par exemple).	Vous continuerez de percevoir l'intégralité de votre pension de vieillesse de base et de votre retraite complémentaire. (*pour plus de détails, cf. site APCE*)	Votre retraite de base sera suspendue si vos revenus professionnels sont supérieurs à la moitié du plafond annuel de la Sécurité sociale, soit pour 2009 : – 17 154 € (commerçant ou artisan retraité) ; – ou 34 308 € (professionnel libéral retraité). Votre retraite complémentaire sera suspendue si vous étiez artisan ou commerçant, et maintenue si vous étiez professionnel libéral. (*pour plus de détails, cf. site APCE*)
Vous reprenez une activité salariée ou assimilée (gérant minoritaire ou égalitaire de SARL par exemple).	Votre retraite de base sera suspendue si vos ressources (pensions et revenus professionnels) sont supérieures soit à votre dernier salaire brut, soit à un plafond correspondant à 160 % du smic en vigueur (la caisse de retraite retiendra la solution qui vous sera la plus favorable). Votre retraite complémentaire sera également suspendue ou minorée en fonction du montant de vos revenus de votre nouvelle activité salariée. (*pour plus de détails, cf. site APCE*).	Vous continuerez de percevoir l'intégralité de votre pension de vieillesse de base et la retraite complémentaire. (*pour plus de détails, cf. site APCE*)

- Avoir au moins 65 ans ou avoir au moins 60 ans et justifier d'une durée d'assurance ouvrant droit à une retraite à taux plein (carrière complète).
- Avoir liquidé toutes ses pensions de vieillesse (base et complémentaire) en France et à l'étranger.

Dans tous les cas, il vous est conseillé de vous rapprocher des organismes sociaux et des caisses de retraite dont vous relevez.

Le choix d'un régime matrimonial

Quelle que soit la structure juridique que vous allez retenir, un régime matrimonial n'est jamais neutre : il peut en effet assurer la protection de votre patrimoine personnel et celui de votre conjoint en cas de difficultés financières de votre entreprise, ou faciliter le devenir de votre société en cas de séparation ou de divorce. Vous devez donc bien connaître les différents régimes possibles, que vous envisagiez de vous marier prochainement ou que vous soyez déjà marié et souhaitiez changer de régime, comme la loi vous y autorise.

Il existe en France quatre grands régimes matrimoniaux, mais seuls ceux de la communauté réduite aux acquêts et de la séparation de biens sont adaptés aux difficultés pouvant être rencontrées (dépôt de bilan ou divorce entre conjoints). À ces régimes s'ajoute depuis peu le PACS.

Il est vivement recommandé d'avoir recours aux services d'un homme de loi pour choisir le régime matrimonial adéquat ou éventuellement en changer. Dans ce dernier cas de figure, il est nécessaire :

- que votre conjoint donne son accord explicite ;
- que le précédent régime se soit appliqué pendant au moins 2 ans ;
- que cette modification se fasse dans « l'intérêt de la famille ».

Le régime de la communauté réduite aux acquêts

Ce régime s'applique de droit si vous n'avez pas conclu de contrat de mariage. Il présente les caractéristiques suivantes.

En cas de divorce, la valeur représentée par l'entreprise sera à répartir entre les époux au titre du partage des biens communs.

- Les biens acquis avant le mariage par chacun des époux restent inclus dans leur patrimoine propre.
- Les biens communs sont ceux acquis après le mariage. La création ou l'acquisition d'une entreprise en cours de mariage la fait entrer dans le patrimoine commun et implique de ce fait l'accord écrit des deux conjoints.
- En cas de dépôt de bilan, les biens acquis au cours du mariage et les biens propres du créateur pourront être appelés en garantie.
- La transmission de l'entreprise doit être prévue devant notaire par voie testamentaire ou par donation au dernier vivant.

Le régime de la séparation de biens

Ce régime protège et sécurise au mieux les intérêts et le patrimoine du conjoint. Il suppose la signature d'un contrat devant notaire et implique trois conséquences :

- Les patrimoines de chacun des époux restent indépendants et les décisions d'investissement (création de société ou achat de parts sociales) n'engagent que le créateur. En conséquence, vous êtes le seul propriétaire et unique responsable vis-à-vis des tiers.
- En cas de divorce, votre conjoint n'a aucun droit sur l'entreprise, sauf à demander par voie judiciaire le versement d'une indemnité

compensatrice pour participation non rémunérée à l'activité de l'entreprise.

- En cas de décès, votre conjoint ne pourra disposer que de l'usufruit de votre patrimoine personnel, dont fait partie l'entreprise. La transmission de l'entreprise est donc à prévoir devant notaire par voie testamentaire ou par donation au dernier vivant.

Si vous optez pour le régime de la séparation de biens, votre conjoint n'est pas responsable sur ses biens personnels, sauf s'il s'est porté caution ou garant de vos emprunts bancaires et a dirigé de fait l'entreprise.

Ce régime n'est toutefois protecteur que s'il n'est pas prouvé que vous l'avez choisi pour organiser votre insolvabilité !

Le Pacs

En matière de gestion de votre patrimoine et de celui de votre partenaire, le pacte civil de solidarité (PACS) s'organise autour de deux régimes distincts.

Le régime de la séparation des patrimoines

Si vous créez une entreprise individuelle ou que vous financez seul l'acquisition d'un fonds de commerce et d'une clientèle, ceux-ci deviennent vos biens propres et vous pouvez en disposer en totale liberté sans avoir besoin de l'accord de votre partenaire.

Si vous avez contracté un Pacs, les biens acquis en cours de vie commune sont en principe la propriété des deux parties, sauf déclaration devant notaire.

Pareillement, si vous décidez de créer une société, les actions ou les parts sociales que vous détenez à titre individuel sont vos biens propres. À ce titre, vous pouvez librement les vendre, exercer les droits qui leur sont attachés, sans nécessiter l'accord de votre partenaire.

Le régime de l'indivision

Vous décidez de ce régime le plus souvent à la signature du PACS, mais cette option peut être décidée postérieurement.

- Si le choix du régime de l'indivision est antérieur à la création de l'entreprise, celle-ci appartient pour moitié à chacun des partenaires et vous devez donc obtenir l'accord de votre partenaire pour effectuer l'ensemble des actes relatifs à la gestion de l'entreprise.
- Si le choix du régime de l'indivision est postérieur à la création de l'entreprise, l'indivision ne s'applique que pour les biens détenus postérieurement à l'option.

Garde Sans Souci

Garde d'animaux à domicile

46, rue du Général de Gaulle,
60730 Cauvigny
Tél. : 03 44 03 48 13
www.garde-sans-souci.com

Cela fait plus de neuf ans que Geneviève Barrault s'emploie avec conviction à développer un concept d'activité qui lie sa passion pour le contact humain et sa volonté de préserver le bien-être des animaux de compagnie. Tout commence à la fin des années 1990 lorsque Geneviève décide de quitter Paris pour vivre à la campagne après un licenciement économique. Elle souhaite en effet se mettre à son compte et travailler dans une activité où les animaux occupent une place centrale.

Peu familiarisée avec les techniques de la gestion d'entreprise, Geneviève décide de suivre un stage de trois mois avant de se lancer définitivement.

Un premier projet de pension classique pour animaux est vite abandonné et c'est finalement grâce à une émission de télévision qu'elle découvre le *home & animal sitting*. Ce concept, apparu aux États-Unis vers 1995, consiste à déléguer au domicile des clients, en déplacement de courte durée ou en voyage, des retraités bénévoles pour assurer la garde de la maison et des animaux de compagnie.

Une fois l'idée trouvée, il faut valider sa faisabilité : une longue réflexion, concrétisée par une étude de marché réalisée avec l'appui d'une amie et par un *business plan*, apporte un verdict favorable. Cependant, Geneviève n'ayant pas eu l'occasion, dans sa précédente carrière de cadre dans une société opérant dans le marché des œuvres d'art, de se familiariser avec les techniques de la gestion d'entreprise, elle décide de suivre un stage de trois mois avant de se lancer définitivement.

C'est au terme de cette phase préparatoire que Geneviève crée son affaire le 3 janvier 2000, en retenant le statut d'entreprise individuelle et en installant ses bureaux chez elle. Son budget d'investissement est limité (environ 1 500 €), mais suffisant pour acquérir un ordinateur, un téléphone-fax et le matériel de bureau dont elle a besoin. Dans la foulée, elle crée un site Internet et place des annonces d'information dans des magazines dédiés à un lectorat de seniors ou aux amis des animaux (tels que les mensuels *Pleine vie* ou *30 millions d'amis*). Geneviève en est convaincue, « *la publicité et un bon bouche-à-oreille sont essentiels pour réussir, et il ne faut pas hésiter à investir en communication pour se faire connaître* ».

« La publicité et un bon bouche-à-oreille sont essentiels pour réussir, et il ne faut pas hésiter à investir en communication pour se faire connaître. »

L'activité de garde d'animaux à domicile ne requiert aucun agrément et reste relativement simple à mettre en œuvre. Ainsi, pour recruter des retraités bénévoles, Garde Sans Souci place des annonces dans la presse et sélectionne les meilleurs candidats après un processus rigoureux (CV, extrait de casier judiciaire, contrôle de la détention d'une police d'assurance-responsabilité civile, analyse de motivation). Les candidats retenus, toujours des couples, signent alors une convention avec l'entreprise pour une durée d'un an, renouvelable par tacite reconduction. Après une journée sur les lieux, consacrée au passage des consignes et à une familiarisation avec les animaux, les retraités bénévoles s'installent chez les clients pour des durées variant de quelques jours à deux ou trois mois. Ils sont hébergés en location à titre gratuit et sont tenus d'être présents une partie de la journée ainsi que le soir et la nuit.

Quant aux clients, ils signent avec l'entreprise un contrat commercial de mise en relation de personnes pour la durée de leur absence. En 2009, pour une durée moyenne de quinze jours, la prestation était facturée 275,50 €.

Garde Sans Souci connaît une activité fluctuante au cours des saisons, mais enregistre une augmentation moyenne de son chiffre d'affaires de l'ordre de

10 % par an, avec des premiers bénéfices significatifs réalisés en 2006. Mais au-delà de cet aspect économique, ce qui importe pour Geneviève, c'est qu'au fil des ans l'entreprise a su attirer et fidéliser une large frange de clientèle.

« *Avec le recul, c'est une expérience très positive et malgré les difficultés rencontrées, je n'hésiterais pas à la réitérer* », précise-t-elle.

Les démarches à entreprendre

7

Vous avez choisi votre structure juridique et entrez à présent dans la phase administrative de création de votre entreprise.

Ce n'est certes pas l'étape la plus enthousiasmante de votre projet, mais sachez que les pouvoirs publics font tout pour vous aider et vous épargner de nombreuses tâches très fastidieuses. Au-delà de l'immatriculation proprement dite, il faudra aussi que vous déposiez votre demande d'agrément ainsi que votre dossier d'inscription au centre de remboursement du Cesu.

Analysons ensemble toutes ces démarches.

L'immatriculation de votre entreprise

Les pouvoirs publics ont pris conscience des lourdeurs et des difficultés que rencontraient les créateurs pour faire immatriculer leur entreprise.

Attention, les créateurs demandant une exonération de charges sociales (dispositif Accre) ou une aide financière (dispositif Nacre) doivent impérativement déposer leurs dossiers à la DDTEFP avant l'immatriculation de leur entreprise.

Aussi pour simplifier le processus, des Centres de formalités des entreprises (CFE) ont été créés sur l'ensemble du territoire, de façon à offrir des guichets uniques auprès desquels peuvent être déposées les demandes d'immatriculation des entreprises. Vous aurez cependant à réaliser personnellement un certain nombre de démarches.

Les formalités gérées par les CFE

Le rôle des CFE

Véritables « plaques tournantes » du processus d'immatriculation, les CFE centralisent les différentes pièces des dossiers d'inscription, en vérifient le contenu et la complétude, et les transmettent aux organismes et administrations intéressés :

- l'Insee pour l'inscription de l'entreprise au Répertoire National des Entreprises (RNE), l'attribution d'un numéro Siren, d'un ou de plusieurs numéro(s) Siret, d'un code APE et d'un Numéro unique d'identification (établi à partir du numéro Siren) que vous utiliserez dans vos relations avec les organismes publics et les administrations ;
- le greffe du tribunal de commerce pour l'inscription au Registre du commerce et des sociétés (si l'entreprise individuelle exerce une activité dite *commerciale* ou s'il s'agit d'une société n'ayant pas d'objet artisanal), la chambre des métiers et de l'artisanat pour l'inscription au Répertoire des métiers (si l'entreprise individuelle

Le code APE est attribué en fonction du descriptif d'activité précisé dans le formulaire d'inscription. Attention aux erreurs de qualification, qui peuvent s'avérer pénalisantes en cas de litige avec les organismes fiscaux et sociaux.

exerce une activité dite *artisanale* ou s'il s'agit d'une société exerçant une activité artisanale), ou l'Urssaf (si l'entreprise individuelle exerce une activité dite *libérale*) ;

- les organismes sociaux (Urssaf, RSI, caisse de retraite des professionnels libéraux) ;
- l'inspection du travail à la DDTEFP pour déclarer les salariés employés dans l'entreprise et Pôle Emploi ;
- l'administration fiscale.

p. 260

Les étapes de la procédure

En fonction de la nature de votre activité, vous vous adresserez au CFE situé à la CCI, à la chambre des métiers et de l'artisanat ou à l'Urssaf du lieu de domiciliation ou du siège social. Notez que si vous exercez simultanément une activité commerciale et artisanale, vous devrez être inscrit à la fois au RCS et au RM, mais seul le CFE de la chambre des métiers et de l'artisanat sera compétent pour recevoir votre déclaration.

Sont considérées comme :
- commerciales, les activités de livraison à domicile, de petits travaux de jardin, de gardiennage ;
- artisanales, les activités de travaux ménagers, d'« homme toutes mains », de soins esthétiques ;
- libérales, les activités de garde d'enfants, d'assistance administrative, de gardes-malades.

Vous y retirerez un dossier de constitution contenant :

- un formulaire PO pour l'immatriculation des entreprises individuelles, ou MO pour l'immatriculation des sociétés ;
- un formulaire TNS, destiné aux organismes sociaux, pour l'affiliation des dirigeants rattachés au régime des travailleurs non salariés.

Retournez ensuite ce dossier accompagné des pièces demandées — dans certains CFE, ces formalités peuvent aussi être réalisées par

Avec le RCE, vous pourrez ouvrir une ligne téléphonique professionnelle, établir un contrat EDF ou effectuer vos démarches auprès des services postaux. Attention néanmoins : tout cela s'effectue sous votre seule responsabilité et ne vous permet en aucun cas de débuter votre activité.

Internet. S'il est complet et que le CFE s'estime compétent, il vous sera immédiatement et gratuitement délivré un récépissé de création d'entreprise (RCE). Ce dernier vous autorise à effectuer certaines démarches administratives sans attendre l'immatriculation définitive au Registre du commerce et des sociétés ou au Répertoire des Métiers — et la délivrance de l'extrait Kbis pour les sociétés ou de l'extrait K pour les entreprises individuelles. Ce RCE ne se substitue pas à l'immatriculation proprement dite, qui demande un délai habituellement compris entre deux et dix jours en fonction des circonscriptions.

Les formalités à accomplir soi-même

La réglementation vous autorise à domicilier votre entreprise chez vous sans limitation de durée en cas d'entreprise individuelle, pour 5 ans au maximum en cas de société et même si des clauses contractuelles (bail locatif, règlement de copropriété ou du lotissement) s'y opposent. Néanmoins, la domiciliation ne modifie pas la nature du local, qui demeure affecté à votre habitation, ce qui vous oblige à trouver un local dédié à l'exercice effectif de votre activité.

Dans le cas d'une création de société, vous devrez, en complément de votre démarche auprès du CFE :

- rédiger des statuts et procéder à la nomination du ou des premiers dirigeants ;
- faire enregistrer ces statuts en quatre exemplaires auprès du service des impôts ;
- obtenir un certificat de domiciliation (bail, contrat de mise à disposition, contrat de sous-location, contrat de domiciliation, contrat de pépinière d'entreprises, etc.) ;
- insérer un avis de constitution de société dans un journal d'annonces légales ;

- ouvrir un compte bancaire et y déposer le montant du capital libéré, qui y sera bloqué pendant le temps nécessaire à l'immatriculation de la société — le récépissé bancaire de dépôt du capital sera nécessaire à votre immatriculation.

Enfin, quelle que soit la structure juridique choisie, il vous faudra également :

- Effectuer les recherches d'antériorité de la dénomination ou du nom commercial choisi auprès de l'INPI (Institut National de la Propriété Industrielle), et du nom de domaine Internet auprès de l'Afnic (Association française pour le nommage Internet en coopération).
- Souscrire une police d'assurance multirisque et procéder à l'ouverture des lignes téléphoniques, à la signature des contrats EDF et à l'enregistrement de la société auprès des services postaux.
- Adhérer à un centre de médecine du travail et à une caisse de retraite complémentaire si l'entreprise a des salariés.

Même si vous prévoyez de ne jamais embaucher de salariés, ou seulement bien après votre immatriculation, l'adhésion à une caisse de retraite est nécessaire (aucune cotisation ne vous sera demandée avant l'embauche du premier salarié). À défaut, une caisse interprofessionnelle vous sera imposée.

Le coût des formalités administratives

Les coûts indiqués ci-après le sont à titre indicatif et peuvent varier selon les départements. Ils ne concernent que les procédures obligatoires et n'incluent pas les frais de prestations accessoires proposées par les centres de formation des entreprises, de conseils de professionnels (avocats, experts-comptables, etc.), de dépôt de marque, d'intervention éventuelle d'un commissaire aux apports, etc.

Pour la création d'une entreprise individuelle :

- de l'ordre de 70 € pour l'immatriculation au Registre du commerce et des sociétés ;
- 130 € environ pour l'immatriculation au Répertoire des métiers, plus 200 € pour le stage obligatoire de préparation à l'installation des artisans ;
- 200 € environ si l'inscription est obligatoire au Registre du commerce et des sociétés et au Répertoire des métiers dans le cas d'une entreprise commerciale et artisanale ;
- gratuit pour l'immatriculation à l'Urssaf.

Les artisans peuvent bénéficier, sous certaines conditions, du remboursement des frais de stage obligatoire de quatre jours de préparation à l'installation.

Pour la constitution d'une société :

- de l'ordre de 100 € pour l'immatriculation au Registre du commerce et des sociétés ;
- 130 € environ pour l'immatriculation au Répertoire des métiers ;
- 230 € environ si l'inscription est obligatoire au Registre du commerce et des sociétés et au Répertoire des métiers dans le cas d'une société commerciale et artisanale.

À ces frais d'immatriculation, il faut ajouter 150 à 300 euros pour l'insertion d'une publication dans un journal d'annonces légales.

La demande d'agrément

Délivré par l'autorité publique, l'agrément permet à une entreprise (ou à une association) d'exercer une activité de SAP en bénéficiant, et en faisant bénéficier ses clients, de plusieurs avantages fiscaux et sociaux. Hormis les cas où cet agrément est obligatoire, il s'agit d'un régime facultatif, dont l'opportunité d'adhésion est laissée à l'appréciation de l'entreprise.

Les règles d'application et les procédures d'obtention des agréments obligatoire ou facultatif sont régies par la loi n° 2005-841 du 26 juillet 2005 et par le décret n° 2005-1 384 du 7 novembre 2005.

Les règles d'application

C'est la nature des publics utilisateurs, et non l'activité, qui détermine si un agrément est obligatoire ou facultatif.

- il est obligatoire (**agrément qualité**) si les publics sont fragiles et vulnérables. Avant de pouvoir démarrer une activité qui s'adresserait à ces publics, l'entreprise doit avoir été agréée conformément aux termes d'un cahier des charges défini par l'arrêté du 24 novembre 2005.
- Il est facultatif (**agrément simple**) dans tous les autres cas. Rien n'oblige l'entreprise à en faire la demande sauf à vouloir bénéficier — et faire bénéficier ses clients — des avantages fiscaux et sociaux dérogatoires du droit commun.

L'agrément qualité vaut automatiquement agrément pour les prestations ne relevant que de l'agrément simple.

Pour faciliter l'application pratique de ce principe général, l'Agence nationale des services à la personne a classé les activités relevant de ces deux types d'agrément.

Activités relevant de l'agrément qualité

Ces activités nécessitent « un savoir-faire spécifique en matière d'accompagnement et d'assistance » — la liste de ces activités a été mise à jour par une circulaire de l'Agence Nationale des Services à la Personne du 15 mai 2007 :

- garde à domicile d'enfants de moins de 3 ans ;
- assistance aux personnes âgées et dépendantes ;
- assistance aux personnes handicapées ;
- garde-malade ;
- aide à la mobilité de personnes ayant des difficultés de déplacement* ;
- conduite du véhicule personnel des personnes dépendantes* ;
- accompagnement au transport de personnes âgées ou handicapées en dehors de leur domicile* ;
- accompagnement des enfants de moins de 3 ans dans leurs déplacements* ;
- soins esthétiques aux personnes dépendantes.

*À la condition que ces prestations soient comprises dans une offre de services incluant un ensemble d'activités effectuées à domicile.

Activités relevant de l'agrément simple

Ce sont toutes les autres activités listées dans le Plan de Développement :

- ménage et repassage ;
- jardinage et débroussaillage ;
- garde à domicile d'enfants de plus de 3 ans ;
- petit bricolage dit « homme toutes mains » ;
- soutien scolaire ;

- cours à domicile ;
- assistance informatique ;
- assistance administrative ;
- préparation des repas à domicile, y compris le temps passé à faire les courses ;
- livraison de repas à domicile* ;
- collecte et livraison à domicile de linge repassé* ;
- livraison de courses à domicile* ;
- soins et promenades d'animaux de compagnie ;
- surveillance et maintenance temporaires de la résidence principale ou secondaire ;
- téléassistance et visioassistance ;
- accompagnement d'enfants de plus de 3 ans dans leurs déplacements* ;
- mise en relation avec des prestataires.

*À la condition que ces prestations soient comprises dans une offre de services incluant un ensemble d'activités effectuées à domicile.

Activités pouvant relever des deux agréments

Relèvent de l'agrément simple ou de l'agrément qualité, selon que l'entreprise s'adresse ou non à des publics fragiles et vulnérables, les activités suivantes :

- l'assistance administrative à domicile ;
- les cours à domicile.

Les conditions préalables à remplir

Quelques exceptions à la condition d'activité exclusive sont toutefois prévues par la loi pour les associations intermédiaires, certains CCAS et CIAS, et les établissements publics assurant l'hébergement des personnes âgées, dont les activités comprennent également l'assistance à domicile des personnes âgées ou handicapées (art. L. 129-1 du Code du travail). À l'appui de leur demande d'agrément, ces structures doivent s'engager à établir une comptabilité séparée relative à leurs activités au domicile des personnes.

Pour pouvoir être agréées, les entreprises prestataires ou mandataires doivent exercer leurs activités :

- Impérativement au domicile des particuliers ou dans l'environnement immédiat de ce domicile si cela contribue au maintien à domicile de ces particuliers.
- Exclusivement dans le champ délimité par l'article D. 129.35 du Code du travail. Si une entreprise souhaite développer en sus des activités non incluses dans ce champ, elle a l'obligation de créer une nouvelle structure juridiquement séparée.

La procédure à suivre

La circulaire ANSP du 15 mai 2007 permet de déposer une demande d'agrément avant la création de l'entreprise, mais l'agrément ne sera effectivement accordé qu'une fois l'entreprise juridiquement créée. Le créateur devra se rapprocher de la DDTEFP pour s'assurer que sa demande d'agrément a des chances d'être acceptée, et en cas de réponse favorable, s'immatriculer au CFE de son lieu d'exercice.

Le dossier de demande doit être envoyé en courrier recommandé avec accusé de réception, ou par courrier électronique (avec accusé de réception, par mesure de prudence), à la DDTEFP de la préfecture du siège social de l'entreprise. C'est la DDTEFP qui en assure l'instruction et propose une réponse au préfet.

Pour l'agrément qualité

Pour l'agrément qualité, le préfet dispose de trois mois pour donner sa réponse — le délai débute à la date de réception de l'attestation de complétude. Il demande l'avis du président du conseil général, notamment sur la capacité de l'entreprise à assurer une prestation de qualité, ainsi que sur l'affectation des moyens humains, matériels et financiers proportionnels à cette exigence. Le silence gardé par le préfet à l'issue de ces trois mois vaut décision d'acceptation tacite.

Dans le cas d'un réseau d'entreprises ou d'associations de services à domicile, un dossier unique doit être établi pour l'ensemble des établissements. Il est à déposer auprès des services de la préfecture du département où est situé le siège social.

L'agrément qualité est valable pour une durée de cinq ans et a une portée départementale — mais dans le cas d'un réseau d'entreprises regroupant plusieurs établissements situés dans des départements différents, l'article R. 129-1 du Code du travail précise que le préfet doit « *recueillir l'avis des présidents des conseils généraux du lieu d'implantation de ces établissements* ».

En lieu et place de l'agrément prévu au Code du travail, les entreprises faisant intervenir leurs salariés en mode prestataire auprès de personnes fragiles et vulnérables peuvent aussi retirer un dossier « autorisation » auprès des services compétents du conseil général en charge des personnes âgées. Le CROSM (Comité Régional de l'Organisation Sociale et Médico-sociale) statue dans un délai de 6 mois. Cette autorisation de portée départementale est valable 15 ans et emporte systématiquement l'agrément qualité.

Pour l'agrément simple

Pour l'agrément simple, le préfet ne dispose que de deux mois pour donner sa réponse, mais l'avis du président du conseil général n'est pas requis. Sans réponse du préfet à l'issue de ce délai, l'agrément est accordé tacitement. Il est valable sur l'ensemble du territoire national pendant cinq ans.

La composition d'un dossier de demande

La composition d'un dossier de demande d'agrément est précisée par l'article R. 129-2 du Code du travail (décret n° 2005-1384 du 7 novembre 2005) et par plusieurs circulaires de l'Agence Nationale des Services à la Personne.

Contenu général

Que votre demande concerne un agrément qualité ou un agrément simple, votre dossier doit toujours inclure :

- l'identité et les coordonnées de l'entreprise (nom ou raison sociale, adresse du siège social et des éventuels établissements) ;
- la liste des activités proposées et le prix des prestations envisagées ;
- la désignation des publics concernés ;
- les conditions d'emploi du personnel (types de contrat de travail utilisés, niveaux de rémunération, protection sociale, assurances complémentaires, etc.) ;
- les moyens d'exploitation mis en œuvre (nombre de salariés, qualification, répartition par type de contrat, matériels et équipements, etc.).

À ce dossier, vous joindrez également plusieurs pièces justificatives :

- les statuts de l'entreprise — sauf dans le cas d'une entreprise individuelle ;
- les éléments permettant d'apprécier le niveau de qualité des prestations offertes (procédures, certifications, etc.) ;

- les modèles de documents d'information du public en matière fiscale et des services administratifs de la DDTEFP en matière statistique ;
- la liste des sous-traitants éventuels — ils ont l'obligation d'être eux-mêmes agréés pour réaliser ces interventions ;
- le modèle de contrat de service ;
- la charte de qualité du réseau — si votre entreprise comporte plusieurs établissements — et une note indiquant les modalités d'évaluation et de contrôle interne ;
- les documents financiers prévisionnels (budget et compte de résultat) ;

p. 43

- une déclaration du dirigeant de non-condamnation pour infractions commerciales et de non-inscription au fichier judiciaire national des auteurs d'infractions sexuelles.

Contenu spécifique à l'agrément qualité

Concernant les prestations servies à des publics fragiles et vulnérables, les pouvoirs publics exigent en outre que l'entreprise joigne une note démontrant qu'elle va mettre en œuvre une organisation, un encadrement et une coordination des interventions permettant d'assurer le niveau de qualité imposé par le cahier des charges élaboré par l'Agence nationale des services à la personne.

Les prescriptions de ce cahier des charges portent notamment sur :

- la qualité de l'accueil des clients (accueil physique et téléphonique, conformité et propreté des locaux, documentation sur l'offre de services et sur les conditions commerciales, livret d'accueil, etc.) ;

- la personnalisation de l'intervention — obligation de répondre à une demande d'un particulier ou, en cas de sous-capacité, de l'orienter vers un autre opérateur ;
- la clarté dans l'offre de services (obligation d'un contrat de services écrit et d'un devis gratuit pour toute intervention excédant 100 €) ;
- le respect de l'intimité des clients ;
- la prévention de la maltraitance ;
- la garantie de continuité des interventions (y compris le week-end et les jours fériés) et le suivi de la qualité des prestations ;
- le respect des horaires d'intervention et la capacité à répondre à des situations d'urgence ;
- l'assurance professionnelle obligatoire de l'activité vis-à-vis des clients ;
- les compétences professionnelles et la formation des intervenants.

En cas de refus

L'agrément étant un acte administratif, son contentieux relève du droit public. En cas de refus d'agrément, l'entreprise postulante peut mener deux actions.

- Suivre d'abord la voie du recours gracieux — dans un premier temps auprès du préfet puis, si le refus est confirmé, dans un second temps auprès du ministre de tutelle du secteur.

En toute logique, il est interdit de démarrer une activité relevant de l'agrément qualité avant que celui-ci n'ait été accordé.

- Ester ensuite en justice devant le tribunal administratif compétent — avec possibilité d'appel devant la cour administrative d'appel et le Conseil d'État.

L'affiliation au centre de remboursement du Cesu

Mesure phare du Plan de Développement, le Cesu est diffusé depuis janvier 2006.

Sous sa forme bancaire, il est particulièrement adapté aux particuliers employeurs de gré à gré qui peuvent l'utiliser pour effectuer leurs déclarations sociales et payer leurs salariés — ceux-ci l'encaissent sur leur compte-courant comme n'importe quel autre chèque. Son utilisation est également possible pour régler la facture d'une entreprise de SAP, mais cette solution ne présente que peu d'intérêt en l'espèce puisque le volet financier peut tout aussi bien être remplacé par un chèque ordinaire. Si toutefois une entreprise est réglée par Cesu bancaire, il lui suffit de le déposer sur son compte bancaire professionnel pour pouvoir l'encaisser.

Sous sa forme préfinancée, le Cesu constitue surtout un instrument de paiement financièrement avantageux tant pour les particuliers employeurs de gré à gré que pour ceux qui font appel aux entreprises agréées (agrément simple ou qualité). Cependant, pour que celles-ci puissent accepter le Cesu préfinancé en paiement, elles doivent préalablement demander leur affiliation au centre de remboursement du Cesu (CR-Cesu).

L'inscription au CR-Cesu

Le CR-Cesu est l'organisme qui affilie l'ensemble des intervenants à domicile (personne morale ou personne physique). C'est aussi la structure commune de traitement et de paiement des Cesu des différents émetteurs de titres.

Centre de remboursement du Chèque Emploi-Service Universel
93738 Bobigny Cedex 09
Tél. : 0892 680 662
www.cr-cesu.fr

Envoyez votre demande comprenant :

- votre dossier d'affiliation complété (dossier téléchargeable sur le site CR-Cesu) ;
- vos justificatifs d'agrément ;
- votre RIB bancaire ou postal.

Une fois votre demande acceptée, le CR-Cesu vous enverra un numéro d'intervenant NAN (numéro d'affiliation nationale),des bordereaux d'accompagnement personnalisés ainsi qu'un mot de passe pour accéder au site du CR-Cesu et y consulter votre situation.

Le remboursement des Cesu préfinancés

Quand vous recevrez des Cesu préfinancés en paiement, assurez-vous d'abord de leur date de validité, puis envoyez-les par courrier (un envoi avec accusé de réception est fortement recommandé) ou déposez-les au CR-Cesu, accompagnés d'un bordereau personnalisé.

Cet organisme effectuera un contrôle de conformité (validité, utilisation conforme à l'objet, affiliation du remettant, etc.), puis procédera à votre remboursement par virement sur votre compte bancaire ou postal.

La Main Tendue

Aide aux personnes âgées

10, rue Victor-Hugo, 28500 Cherisy
Tél. : 02 37 62 08 02
www.lamaintendue-28.com

Lorsque Christophe Monfort crée La Main Tendue en février 2003, il n'imaginait pas le succès qu'allait rencontrer sa petite activité d'aide à domicile.

Ancien mécanicien de la Marine nationale, Christophe est chef des ventes d'un journal d'Eure-et-Loir lorsqu'il prend conscience, au cours de discussions avec des lecteurs, d'un réel besoin d'aides diverses aux personnes âgées. Rapidement, ce fonceur envisage de se mettre à son compte et de s'installer près de Dreux pour effectuer des petits travaux de bricolage, mais aussi pour assurer la livraison de repas sept jours sur sept, le transport de personnes, et faire le ménage et un peu de jardinage.

Christophe réalise tout d'abord une étude de marché [...] et se rend dans les seize mairies de son secteur pour présenter son projet.

« *Mais attention, prévient-il, je n'y suis pas allé à l'aveuglette !* » Christophe réalise tout d'abord une étude de marché en rassemblant divers articles et rapports publiés sur les services à la personne, en interrogeant le site Internet de l'APCE, en analysant les profils de la population locale fournis par l'Insee et en identifiant l'offre existante — principalement trois grandes associations d'assistance aux personnes âgées qui n'assurent que l'aide ménagère. Sur le terrain également, il se rend dans les seize mairies de son secteur pour présenter son projet — elles ont toutes joué le jeu en informant la population par le biais de leurs bulletins municipaux. C'était une bonne initiative, car avant même de commencer, Christophe avait déjà des contacts avec une vingtaine de personnes intéressées par ses services.

Convaincu qu'une demande non satisfaite existe localement, Christophe construit un plan financier prévisionnel avec l'aide des boutiques de gestion. Il estime ses besoins d'investissement à 9 000 € — dont principalement 4 000 € pour l'acquisition d'un véhicule d'occasion et 3 500 € de BFR — qu'il finance à hauteur de :

- 1 500 € par apport personnel ;
- 7 500 € par un prêt de la caisse AGEFIPH des anciens combattants (aucune banque traditionnelle n'a accepté de l'aider).

Il lui reste alors à déposer sa demande d'agrément qualité auprès de la préfecture d'Eure-et-Loir pour pouvoir exercer auprès des personnes de plus de 70 ans, handicapées ou dépendantes, et faire bénéficier tous ses clients des réductions d'impôt prévues par la loi. « *Sans cet agrément, il était hors de question de commencer mon activité* », précise-t-il.

Toutefois, obtenir l'accord des pouvoirs publics n'est pas une mince affaire : la demande, étayée par un dossier de plus de soixante-dix pages, est présentée une première fois sans succès en septembre 2002 et n'est finalement acceptée qu'en janvier 2003. Le mois suivant, Christophe fait enregistrer La Main Tendue sous le statut d'entrepreneur individuel.

Au début, les relations avec certains artisans du coin sont un peu conflictuelles. « *Je retrouvais souvent mes affichettes arrachées. Mais rapidement, ces artisans ont compris que je n'intervenais pas sur le même créneau qu'eux, puisque pour les services de bricolage ou de jardinage, la législation limite nos prestations à de petits travaux.* »

La première année, Christophe travaille seul, un peu plus de soixante heures par semaine, dimanche compris.

La première année, Christophe travaille seul, un peu plus de soixante heures par semaine, dimanche compris. Dès 2004 cependant, la demande devient si forte qu'il doit embaucher l'équivalent de trois personnes et demie et louer des locaux de 70 m². Ses efforts sont vite récompensés par la progression continue de son chiffre d'affaires, et son entreprise est élue lauréate 2003 du concours Talents, master 2004 de la création d'entreprise, lauréate 2006 du Trophée de la performance et également master 2007 de la pérennité d'entreprise.

En 2009, La Main Tendue emploie dix-neuf personnes en contrat CDI (représentant dix-sept Equivalents Temps Plein (ETP)) et réalise un chiffre d'affaires de 505 000 € annuel auprès de six cents clients. L'entreprise est désormais une Sarl au capital de 15 000 € de façon à permettre l'arrivée éventuelle de nouveaux associés. Elle a passé un contrat de partenariat avec le groupe Sodexo pour la fourniture des repas et est conventionnée par la CRAM et la MSA pour la livraison des repas et pour l'aide ménagère.

Malgré l'absence de convention collective pour les métiers de La Main Tendue et les difficultés à trouver et garder du personnel réellement destiné à ces activités, Christophe reste très positif quant au développement de son entreprise : « *Avec la demande toujours croissante de mes clients et grâce au Plan de Développement, qui prévoit l'exonération des charges sociales patronales pour les entreprises de SAP, je suis très confiant dans l'avenir !* »

Il est impératif d'établir de très bonnes relations avec les autorités administratives et de ne pas se mettre à dos les associations locales.

Aux candidats à la création d'une entreprise de SAP, quel que soit le domaine d'activité choisi, Christophe recommande de ne pas compter leur temps et de se montrer persévérants — les huit premiers mois, il ne s'est pas versé de salaire. Selon lui, il est surtout impératif de :

- établir de très bonnes relations avec les autorités administratives (DRASS, DDETFP, conseil régional, conseil général, etc.) ;
- ne pas se mettre à dos les associations locales ;
- investir fortement en communication (encarts dans les journaux gratuits, interviews dans la presse régionale, brochures, adhésions à des plates-formes de distribution, etc.) ;
- et par-dessus tout, viser la qualité des prestations et de l'après-vente.

Pour un management responsable

8

VOTRE PROJET ENTRE DANS SA PHASE FINALE et vous allez bientôt devoir affronter l'« épreuve du feu ».

Pour réussir, réduisez au maximum la part d'improvisation quotidienne et cherchez dès à présent à vous familiariser avec vos futures opérations. L'adoption d'une organisation et de procédures de gestion rigoureuses, le respect de la législation fiscale — mais aussi des règles relatives au management des ressources humaines — constituent les points de passage obligés pour croître de façon harmonieuse.

En règle avec les clients

Si chacun est libre d'organiser au mieux ses relations avec ses clients, cette liberté reste toutefois relative pour les entreprise de SAP soumises à l'agrément qualité ou ayant choisi de se faire certifier Qualicert ou Afnor.

Les dispositions du cahier des charges et des référentiels de certification imposent en effet des règles d'organisation visant à assurer un niveau élevé de qualité des prestations. Elles portent essentiellement sur l'accueil du public, l'offre de services, la contractualisation, la mise en œuvre de l'intervention, le paiement de la prestation et son suivi. Même si vous n'êtes pas dans l'obligation d'appliquer ces dispositions (entreprises non agréées, non certifiées ou bénéficiant uniquement d'un agrément simple), il peut être opportun de les connaître pour vous en inspirer.

L'accueil du public

Le public devra pouvoir être accueilli dans les locaux de l'entreprise ou par voie téléphonique. Un agent d'accueil, choisi pour son aptitude au contact avec le public, devra aussi :

- Enregistrer les informations pertinentes (coordonnées du prospect, nature de la demande, etc.) dans une base de données « dossiers clients ».
- Qualifier la demande pour décider de la suite à lui donner (prioriser l'action, la refuser, etc.).
- Préparer une proposition d'intervention.

La base de données « dossiers clients » enregistre l'ensemble des relations et des échanges avec chaque client : signalétique client, nature de la prestation demandée, dates et plages horaires, exigences particulières, nom des intervenants, incidents et dysfonctionnements survenus, etc. Elle constitue un outil de suivi et de reporting opérationnel.

L'organisation mise en place devra prévoir en outre :

- la disponibilité de l'accueil sept heures par jour, cinq jours par semaine ;
- l'affichage dans les locaux d'un document informatif sur les services et la tarification des prestations ;
- la création d'une procédure écrite d'accueil et de traitement des demandes, notamment des urgences — *via* la mise à disposition d'un numéro d'appel actif et d'un interlocuteur en dehors des heures d'ouverture.

L'offre de services

Une offre de services personnalisée et un devis d'intervention — gratuit et obligatoire sur simple demande des clients et pour les prestations d'un coût mensuel supérieur ou égal à 100 € — devra être adressée à chaque prospect, mentionnant au minimum :

- les coordonnées de l'entreprise et ses conditions d'agrément ;
- la nature des prestations demandées, leur coût et la durée de validité de l'offre ;
- les modalités de paiement des prestations.

Pour assurer une totale transparence, l'offre de services doit indiquer en sus du devis :
- le contenu détaillé de la prestation ;
- la date et l'heure de la prestation et le responsable de son exécution ;
- les rôles et responsabilités respectives des parties prenantes à la prestation.

La contractualisation

Un contrat de service écrit devra formaliser la relation entre l'entreprise et son client ainsi que les modalités de mise en œuvre de la prestation.

Il inclura au minimum :

- la signalétique des contractants (identité et adresse complète de l'entreprise et du client) ;

Pour les publics non fragiles, le contrat peut prévoir une reconduction annuelle par accord tacite.

- la nature précise des prestations à effectuer et la « volumétrie » prévue (prestations ponctuelles ou récurrentes) ;
- les modalités d'exécution des prestations et leur coût ;
- les modalités de paiement, et notamment la possibilité d'utiliser le Cesu, avec les avantages fiscaux qui en découlent pour le client ;
- la durée du contrat et ses conditions de résiliation.

La mise en œuvre de la prestation

La prestation devra être effectuée par un agent d'intervention qualifié, diplômé ou expérimenté, sous votre contrôle, et conformément aux termes du contrat de service. Pour garantir le respect des normes de qualité, l'agent d'intervention :

Le carnet de liaison est l'outil permettant de garantir la traçabilité des prestations et leur qualité. Il enregistre les plages horaires de la prestation et ses particularités, notamment les incidents et dysfonctionnements survenus. Ces informations enrichissent la base de données « dossiers clients ».

- disposera d'outils de contact téléphonique avec sa direction ;
- formalisera les détails de sa prestation dans un carnet de liaison tenu pour chacun de ses clients.

Dans de nombreux cas — par exemple la garde d'enfants à domicile ou l'assistance aux personnes âgées ou fragiles —, la prestation est réalisée lors de créneaux spécifiques : interventions en dehors des heures de travail habituelles (tôt le matin avant 9 heures et tard le soir après 18 heures), de nuit ou durant le week-end, vingt-quatre heures sur vingt-quatre et sept jours sur sept. Pour assurer la continuité de la prestation dans le temps et à qualité constante, l'entreprise devra donc faire appel à plusieurs agents et s'organiser de façon rigoureuse, en adoptant des procédures et des outils adaptés :

- Une méthode de qualification des demandes des clients pour sélectionner les agents d'intervention en fonction de leurs compétences et de la spécificité des prestations à réaliser. Ce choix sera important pour personnaliser la relation entre l'intervenant et le client sur le long terme.
- Un planning des interventions, qui définira l'emploi du temps de chaque intervenant (temps de travail effectif, durée des trajets de déplacement, congés légaux), et qui précisera aussi les scénarios et les options de remplacement en cas d'absence prolongée du dirigeant, de défaillance inopinée du personnel (maladie, grève ou démission) ou de sinistre matériel important (panne informatique, incendie, etc.).

En plus du règlement intérieur de l'entreprise, un document interne nommé « procédurier » recensera l'ensemble des procédures de fonctionnement, tant en ce qui concerne les conditions de réalisation des prestations que la marche interne de l'entreprise, avec les droits et obligations de chaque acteur.

Le paiement de la prestation

Pour chaque prestation réalisée, une facture sera émise, qui spécifiera :

- les coordonnées de l'entreprise, son numéro d'agrément, le nom de l'intervenant ayant réalisé la prestation, le nom et le numéro d'agrément des sous-traitants éventuels ;

- la nature exacte des prestations demandées ;
- le montant du coût de la prestation et son mode de calcul (taux horaire et durée de l'intervention) ;
- les conditions de paiement (avec délais éventuels) et les moyens associés (dont le Cesu préfinancé).

Le service après-vente et le suivi de l'intervention

L'attestation fiscale récapitule les prestations réalisées au cours d'une année. Elle doit être remise au client avant le 31 janvier suivant l'année de réalisation des prestations. Cette attestation lui permet de bénéficier des avantages fiscaux propres au secteur.

Chaque année, l'entreprise devra adresser une attestation fiscale à chacun de ses clients et procéder à une enquête de satisfaction. Ce sondage portera notamment sur la qualité des prestations réalisées et sur le niveau de compétence des intervenants.

Les informations recueillies à chaque phase de la relation avec le client seront enregistrées dans une base de données « dossiers clients ». Elles devront servir à corriger les dysfonctionnements éventuels et seront reprises, pour les entreprises soumises à l'agrément qualité, dans le bilan qualitatif et quantitatif à transmettre annuellement au préfet.

p. 219

En règle avec l'administration

Les obligations comptables et les centres de gestion agréés

La législation impose à toute entreprise la tenue obligatoire d'une comptabilité complète et régulière à partir d'un livre-journal, d'un grand-livre et d'un livre d'inventaire.

- **Le livre-journal** enregistre, jour après jour et de façon chronologique, tous les mouvements affectant le patrimoine de l'entreprise et toutes les opérations de vente et d'achat.
- **Le grand-livre** reprend l'ensemble de ces mouvements et opérations, et les ventile sur les différents comptes du plan comptable.
- **Le livre d'inventaire** recense l'ensemble des éléments constituant les biens et les dettes de l'entreprise.

À la fin de chaque exercice, ces documents serviront à produire les bilans, comptes de résultat et annexes et à s'assurer que le fonctionnement de l'entreprise correspond aux ratios du secteur.

Si vous n'avez pas la fibre comptable, faites-vous aider par des professionnels compétents : soit en faisant appel à un expert-comptable, soit en adhérant à un Centre de Gestion Agréé (CGA). Ce centre a principalement pour mission de vous conseiller dans la gestion comptable, fiscale et sociale de votre entreprise, mais il peut aussi vous assister dans la tenue de votre comptabilité et même dans l'établissement de vos liasses fiscales.

Si, en tant qu'entrepreneur individuel, vous relevez du régime fiscal de la micro-entreprise (voir infra et annexe 3), vos obligations comptables se limiteront à la tenue d'un journal des recettes et d'un registre annuel des achats. Vous êtes tenu de conserver l'ensemble des factures et des pièces justificatives de votre activité. Enfin, vos factures devront être libellées en HT et porter la mention « TVA non applicable, article 293 B du CGI ».

Voici quelques ratios propres aux entreprises prestataires de SAP :

- la marge brute d'exploitation représente au moins 25 % du chiffre d'affaires HT pour financer les lourdes charges de communication et de marketing ;
- la masse salariale totale TTC ne dépasse pas 75 % du chiffre d'affaires HT ;
- le délai moyen de règlement de la clientèle n'excède pas 25 jours après la facturation ;
- les dépenses de marketing et de communication représentent environ 8 à 10 % du chiffre d'affaires pendant les deux à trois premières années d'activité, puis près de 4 à 5 %.

p. 222

De plus, si votre entreprise relève de l'IR et du régime du réel, une inscription à un CGA vous permettra de bénéficier d'avantages fiscaux importants :

- Exemption, pour le calcul de l'impôt, de la majoration de 25 % du revenu imposable qui frappe les non-adhérents. À compter du 1er janvier 2010, les bénéfices des entreprises qui utiliseront les services d'un expert-comptable ayant signé une convention avec les services de l'administration fiscale ne seront pas majorés de 25 %.
- Déduction totale du salaire du conjoint salarié si vous êtes marié sous le régime de la communauté réduite aux acquêts.
- Exonération de pénalités et de majorations fiscales si vous révélez spontanément aux services fiscaux les erreurs contenues dans vos déclarations.
- Abattement annuel de 915 € pour vos frais d'adhésion et de tenue de comptabilité à condition de réaliser un chiffre d'affaires inférieur aux limites fixées pour le régime fiscal de la micro-entreprise.

En contrepartie des avantages fiscaux obtenus du fait de l'adhésion à un CGA, vous vous engagerez à vous conformer aux règles comptables en vigueur dans votre secteur d'activité, à respecter une totale transparence vis-à-vis des demandes d'information de votre centre, et à faire contrôler vos déclarations par un expert-comptable ou un comptable agréé

En sus des bilans et des comptes de résultat, vous aurez besoin de tableaux de bord pour piloter votre entreprise au quotidien.

Ils recenseront :

- l'évolution du portefeuille clients (nombre, nouveaux clients, services utilisés, réclamations, etc.) ;
- la retombée des actions de communication (nombre de nouvelles commandes, services concernés, etc.) ;
- le suivi du personnel (turnover, démissions, absentéisme, affectations, remplacements, etc.) ;
- des indicateurs financiers (facturation, créances clients, trésorerie, etc.) ;
- etc.

(attention : cette obligation de recours à un expert-comptable sera supprimée à compter du 1er janvier 2010).

Le suivi de l'agrément

L'obtention d'un agrément vous engage à envoyer régulièrement des rapports d'activité à la DDTEFP. Le respect de cette obligation constitue notamment l'une des conditions de son renouvellement ou peut, à défaut, entraîner un retrait pur et simple !

Rapports d'activité

Ces rapports sont au nombre de deux.

- Chaque mois, l'opérateur agréé doit rédiger et envoyer un **État Mensuel d'Activité** précisant notamment, outre l'objet social et le mode d'intervention (prestataire ou mandataire), le nombre de salariés ayant travaillé dans le mois ainsi que le nombre d'heures prestées.
- Chaque année, il doit également adresser un **Bilan Annuel d'Activité** décrivant de manière synthétique l'activité de l'année écoulée, les prestations effectuées, le nombre de salariés, d'heures travaillées, de clients, les formations mises en place, etc. À ce bilan doit être joint un tableau statistique faisant apparaître l'état des effectifs à temps plein et à temps partiel ainsi que le nombre d'heures payées par type d'activité (ménage, garde d'enfants, etc.) et par mode d'invention.

Contrôle

Des contrôles aléatoires et ponctuels peuvent venir compléter les Bilans Annuels d'Activité. Ils visent à vérifier que vous continuez à bien remplir les conditions requises pour l'obtention de votre agrément et portent sur le périmètre des activités réalisées ainsi que sur le respect de la condition d'activité exclusive et de l'offre globale de services pour les activités hors domicile.

Ces contrôles sont réalisés par les services déconcentrés de l'État, tels que la DDTEFP, la Direction départementale de la concurrence, de la consommation et de la répression des fraudes (DDCCRF) et la Direction départementale des affaires sanitaires et sociales (DDASS).

Retrait

À tout moment, les pouvoirs publics peuvent vous retirer leur agrément si vous ne remplissez plus les conditions d'obtention ou ne respectez pas la réglementation générale, par exemple par :

- l'exercice d'activités autres que celles déclarées dans le dossier de demande ;
- la non-exclusivité des activités de SAP ;
- la non-transmission du bilan annuel.

La procédure de retrait commence par une mise en demeure adressée par le préfet. Vous disposez alors de quinze jours pour répondre et mettre fin aux dysfonctionnements constatés. Si vous ne le faites pas dans ce délai, le retrait d'agrément sera prononcé par arrêté préfectoral.

Renouvellement et extension

Tout agrément étant valable cinq ans (sauf retrait anticipé), pensez à demander son renouvellement à votre DDTEFP au plus tard trois mois avant la date d'expiration. Si votre entreprise bénéficie d'une certification, le renouvellement de l'agrément est automatique dès lors que la certification couvre tout le champ des activités pour lesquelles elle est agréée.

Enfin, si vous étendez votre palette d'intervention à d'autres activités figurant dans la liste des services à la personne fixée par l'article D. 129-35 du Code du travail, sachez qu'il vous faudra demander une extension de votre agrément initial.

En cas d'ouverture d'un nouvel établissement, vous devez effectuer une déclaration préalable auprès du préfet du lieu d'implantation (dans le cas d'un agrément simple) ou du préfet qui a traité l'agrément initial et qui procède alors à une instruction complète (dans le cas d'un agrément qualité).

En règle avec les impôts

Impôt sur les bénéfices, taxe sur la valeur ajoutée, taxe professionnelle, impôt forfaitaire annuel... Toutes ces notions peuvent être difficiles à saisir pour un non-initié ! Étudions-les ensemble.

Les impôts sur les bénéfices

La complexité apparente de cet impôt tient au fait que l'on confond souvent le type d'imposition et le mode de détermination des bénéfices.

Le type d'imposition (impôt sur les sociétés ou impôt sur le revenu)

Il va principalement dépendre du statut juridique que vous aurez choisi.

Les bénéfices réalisés dans le cadre d'une entreprise individuelle, d'une EURL et, sur option, d'une SARL de famille sont assimilés aux

p. 267

revenus d'activité de l'entrepreneur lui-même. Vous les porterez donc directement dans la catégorie des *BIC* de votre déclaration annuelle de revenus (ou des *BNC* si l'activité est de nature libérale) et supporterez l'IRPP au taux correspondant au barème de votre situation familiale.

Sachez que, dans une entreprise individuelle, les prélèvements que vous faites pour assurer votre train de vie sont à réintégrer dans les bénéfices réalisés.

Les bénéfices des entreprises enregistrées en société (SARL commune, SA, SAS, et EURL sur option) sont soumis à l'impôt sur les sociétés (IS) au taux normal de 33,33 %. La société paie l'IS en quatre acomptes trimestriels, puis le solde au plus tard le quatrième mois suivant la clôture de l'exercice. L'IS est calculé après déduction des rémunérations du ou des dirigeants qui restent, elles, soumises à l'IRPP dans la catégorie des *traitements et salaires*. Les entreprises nouvelles sont exonérées du versement des acomptes correspondant au premier exercice d'activité Rappelons que les SARL, SAS et SA peuvent, sous certaines conditions, choisir l'option de l'impôt sur le revenu (voir *supra* chapitre 6).

Les entreprises soumises à l'IS qui ont réalisé un chiffre d'affaires inférieur à 7 630 000 €, et dont le capital, détenu à hauteur de 75 % par des personnes physiques, a été entièrement libéré, peuvent bénéficier d'un taux réduit de 15 % dans la limite des premiers 38 120 € de bénéfices réalisés.

Mode d'imposition des différentes structures

Impôt sur le revenu	Impôt sur les sociétés
Entreprise individuelle	SARL
EURL	SA et SAS
SARL de famille (sur option expresse)	EURL (sur option expresse)

Le mode de détermination du bénéfice

La détermination du bénéfice imposable dépend, quant à elle, d'une part du statut juridique choisi et d'autre part de l'importance du chiffre d'affaires réalisé. On recense trois modes de détermination des bénéfices : la micro-entreprise, le réel simplifié et le réel normal.

Le régime fiscal de la **micro-entreprise** laisse à l'administration le soin de déterminer le montant des bénéfices, après application d'un taux d'abattement forfaitaire pour dépenses professionnelles. Ce régime concerne uniquement les entreprises individuelles de prestations de services dont le chiffre d'affaires HT est inférieur à 32 000 euros. Il se caractérise par des obligations comptables et déclaratives simplifiées et par l'impossibilité de reporter les déficits éventuels.

Attention, pour bénéficier du régime de la micro-entreprise, l'entreprise individuelle ne doit pas avoir opté pour un régime de TVA autre que la franchise en base (voir *infra*).

Le régime du **réel simplifié** permet à l'entreprise de déterminer elle-même son bénéfice sur pièces justificatives et d'alléger certaines obligations comptables et déclaratives. Il est ouvert de plein droit aux entreprises opérant dans le secteur des prestations de services, exclues du régime de la micro-entreprise, et qui réalisent un chiffre d'affaires HT inférieur à 230 000 €. Attention : ces seuils seront réévalués à compter de 2010 dans la même proportion que la limite supérieure de la première tranche du barème de l'impôt sur le revenu.

Les entreprises relevant du régime de la micro-entreprise ou du réel simplifié ont la liberté d'opter pour un autre régime réel. L'option, valable et irrévocable pour 2 ans, doit être exercée avant le 1er février de l'année au titre de laquelle l'entreprise souhaite se placer sous un régime réel. Pour les entreprises nouvelles, l'option pour le régime simplifié peut être exercée jusqu'à la date du dépôt de la première déclaration de résultats. Pour le réel normal, l'option est à exercer dans les 3 mois du début de l'activité.

Le **réel normal** est un régime fiscal dans lequel les bénéfices sont calculés sur pièces par l'entreprise elle-même, mais qui entraîne des obligations comptables et déclaratives contraignantes. Il s'applique obligatoirement à toutes les entreprises de prestations de services dont le chiffre d'affaires HT est supérieur à 230 000 €. Attention : ces seuils seront réévalués à compter de 2010 dans la même proportion que la limite supérieure de la première tranche du barème de l'impôt sur le revenu.

La taxe sur la valeur ajoutée (TVA)

La TVA est un impôt indirect sur la consommation, collecté pour le compte de l'État par toutes les entreprises passibles de l'IR ou de l'IS. Ces dernières facturent la taxe à leurs clients au taux de 19,6 % (taux normal) ou de 5,5 % (taux réduit) et la reversent ensuite aux services fiscaux, déduction faite de la taxe payée sur leurs achats (TVA récupérable).

TVA exigible = TVA collectée – TVA récupérable

Pour rappel, les entreprises de SAP qui veulent pouvoir appliquer le taux réduit à 5,5 % doivent satisfaire aux conditions suivantes :

- être titulaires d'un agrément simple ou qualité ;
- exercer uniquement une activité qui relève légalement du domaine des SAP au titre de l'article L. 129-1 du Code du travail ;
- effectuer exclusivement les prestations au domicile des clients et sur le seul territoire national.

Quelques formules pour calculer rapidement la TVA

	Coefficient de conversion du prix TTC au prix HT	Exemple de calcul d'un prix HT à partir d'un prix TTC	Taux applicable pour déterminer le montant de la TVA sur le prix TTC d'un produit	Exemple de calcul de la TVA sur le prix TTC d'un produit
Taux normal 19,6 %	0, 836	Prix TTC = 150 € Prix HT = 150 × 0,836 = 125,40 €	16,40 %	Prix TTC = 150 € Montant de TVA = 150 × 16,40 % = 24,60 €
Taux réduit 5,5 %	0, 948	Prix TTC = 150 € Prix HT = 150 × 0,948 = 142,20 €	5,20 %	Prix TTC = 150 € Montant de TVA = 150 × 5,20 % = 7,80 €

Il existe trois régimes de TVA qui suivent, en principe, les régimes d'imposition des bénéfices — dans certains cas, il est cependant possible de les dissocier et d'opter pour un autre régime de TVA.

En cas de franchise en base, les factures doivent porter la mention « TVA non applicable, article 293 B du CGI ».

- **Le régime de la franchise en base** concerne de plein droit les entreprises de prestations de services dont le chiffre d'affaires HT est inférieur à 32 000 euros, qu'elles soient soumises ou non au régime de la micro-entreprise. Ces entreprises n'appliquent pas la TVA sur leurs factures de vente et ne sont tenues à aucune déclaration, mais elles ne peuvent en contrepartie récupérer la TVA payée sur leurs achats et leurs investissements. En cas de dépassement du seuil des 32 000 euros, la franchise continue de s'appliquer pour l'année en cours et l'année suivante à condition de ne pas dépasser 34 000 euros de chiffre d'affaires. Si en revanche ce nouveau seuil est dépassé, l'entreprise perd le bénéfice de la franchise de base et la TVA lui est appliquée à compter du premier jour du mois de dépassement.

- **Le régime déclaratif simplifié** s'adresse obligatoirement aux entreprises de prestations de services dont le chiffre d'affaires HT est compris entre 32 000 euros et 230 000 euros.
- **Le régime déclaratif normal** s'applique de façon obligatoire aux entreprises de prestations de services qui réalisent plus de 230 000 euros de chiffre d'affaires HT.

Les entreprises nouvelles bénéficient de plein droit du régime de la TVA en franchise en base la première année, mais peuvent opter pour les régimes de paiement de la TVA lors du dépôt de la déclaration d'existence au CFE.

La taxe professionnelle (TP)

Il s'agit d'un impôt local, dont le montant dépend essentiellement du lieu d'implantation de l'entreprise et de la valeur locative de ses immobilisations corporelles. **Il est dû, en principe, par toutes les entreprises individuelles et les sociétés**, à compter du deuxième exercice, sous la forme de deux versements semestriels :

- un acompte de 50 % du montant de la TP payée l'année précédente — cet acompte n'est pas dû si la TP de l'année précédente est inférieure à 3 000 € ;
- le solde annuel à l'échéance du 15 décembre.

Caractéristiques des régimes déclaratifs normaux et simplifié

Régime déclaratif normal	Régime déclaratif simplifié
La règle La déclaration et le paiement de la TVA exigible se font mensuellement.	**La règle** La déclaration et le paiement de la TVA exigible se font trimestriellement, aux échéances d'avril, juillet, octobre et décembre, en se référant à l'impôt dû l'année précédente. Les trois premiers acomptes représentent chacun 25 % du total et celui de décembre 20 %. Le solde éventuel est à verser lors du dépôt de la déclaration annuelle avant le 1er avril de l'année suivante si vous clôturez votre exercice au 31 décembre (sinon, cette déclaration doit être déposée dans les 3 mois suivant la clôture de l'exercice). Les acomptes ne sont pas dus si la base de calcul est inférieure à 1 000 €, le paiement se faisant pour l'année entière au moment du dépôt de la déclaration annuelle.
Cas particuliers : Le principe de déclaration et de paiement trimestriels est retenu si le montant de la TVA est inférieur à 4 000 € par an. Les entreprises n'ayant pu déposer dans les délais réglementaires leur déclaration de chiffre d'affaires peuvent demander à l'administration fiscale de bénéficier d'un délai supplémentaire d'un mois. Cela, à la condition de verser dans le délai réglementaire normal un acompte de TVA et de régulariser la situation dans le mois qui suit le dépôt de la déclaration de chiffre d'affaires.	**Cas particuliers** : Les entreprises nouvellement créées peuvent, pour leur premier exercice, déterminer elles-mêmes le montant de leurs acomptes trimestriels, à la condition que chaque acompte représente au moins 80 % de la taxe réellement due pour le trimestre précédent. La déclaration annuelle en avril de l'année *N* + 1 déterminera le montant réel des acomptes trimestriels du deuxième exercice. Les entreprises relevant du régime du déclaratif simplifié peuvent renoncer à ce régime uniquement pour la TVA (régime du minimum réel). Leurs BIC restent soumis aux modalités de calcul du régime déclaratif simplifié. En revanche, la TVA est déterminée selon le régime normal des déclarations mensuelles ou trimestrielles.

Les entreprises en début d'activité bénéficient d'une réduction de leur base d'imposition :

- Pour la première année d'activité, la TP n'est pas due entre la date de création et le 31 décembre.
- Pour la deuxième année d'activité, la base d'imposition est réduite de moitié.

> De très nombreuses possibilités d'exonérations, permanentes ou temporaires, et de plafonnement des taux applicables existent pour les petites entreprises.
> Les micro-entrepreneurs qui ont opté pour le versement libératoire de leur impôt sur le revenu sont exonérés de taxe professionnelle l'année de création de leur entreprise ainsi que les deux années suivantes. Prenez conseil auprès des services des impôts de votre lieu d'implantation.

Les entreprises nouvelles et les artisans exerçant en entreprise individuelle, et notamment les auto-entrepreneurs, ou en EURL soumise à l'IR, peuvent, sous certaines conditions, être exonérées de cette taxe.

Les taux applicables qui varient selon les communes, s'appliquent sur l'assiette diminuée d'un abattement global de 16 %.

L'impôt forfaitaire annuel (IFA)

Cet impôt ne concerne que les personnes morales passibles de l'IS et qui réalisent un chiffre d'affaires HT supérieur à 1 500 000 euros. Son montant, déductible des bénéfices imposables, varie en fonction du chiffre d'affaires réalisé.

Sont exclues de cette imposition, pendant les trois premiers exercices, les entreprises nouvelles dont le capital est constitué pour plus de 50 % d'apports en numéraire.

Le seuil de chiffre d'affaires déclenchant l'IFA sera porté à 15 000 000 d'euros en 2010.

Montant de l'IFA selon le CA (barème applicable depuis le 1er janvier 2009)

CA HT majoré des produits financiers issus des placements en banque des liquidités de l'entreprise (en euros)	IFA (en euros)
Inférieur à 1 500 000 €	Néant
Compris entre 1 500 000 et 7 500 000 €	3 750 €
Compris entre 7 500 000 et 15 000 000 €	16 250 €
Compris entre 15 000 000 et 75 000 000 €	20 500 €
Compris entre 75 000 000 et 500 000 000 €	32 750 €
Égal ou supérieur à 500 000 000 €	110 000 €

En 2011, l'IFA sera totalement supprimé.

En règle avec le personnel

Les contrats de travail

Pour les entreprises de SAP agissant en mode prestataire, le choix des contrats de travail du personnel s'avère d'une grande importance, tant du point de vue économique que social. Il convient donc de bien comprendre le cadre général de l'engagement contractuel et ses axes de déclinaison possibles, de façon à choisir l'option qui correspond le mieux aux exigences et aux particularités de chaque activité.

Le cadre de l'engagement contractuel

Le Code du travail, plusieurs autres textes législatifs et réglementaires, les conventions collectives et la jurisprudence encadrent très précisément la relation contractuelle entre employeurs et employés, et imposent des conditions de forme et de fond aux contrats de travail. Toutefois, des clauses particulières, librement négociées entre les parties, et des accords d'entreprise peuvent individualiser ou compléter la relation.

Mentions obligatoires et formalisme commun

Tous les contrats de travail doivent contenir des modalités relatives à :

- l'identité de l'employeur et du salarié ;
- l'initialisation et l'exécution de la relation — date du début du contrat, lieu de travail, règles régissant la période d'essai et son renouvellement, clauses concernant la fonction occupée par l'employé et sa qualification professionnelle, la convention collective dont relève éventuellement l'activité ;
- la rémunération de l'employé (salaire de base, primes diverses, avantages en nature, partie variable, rémunération au forfait pour les cadres, etc.) ;
- le terme de la relation (date de cessation ou durée de préavis en cas de démission ou de licenciement).

Sauf quand il est conclu pour une durée indéterminée et à temps complet, tout contrat de travail doit être écrit et rédigé en français.

Clauses librement négociables entre les parties

Les parties restent libres d'insérer dans le contrat qui les lie toutes les clauses particulières qu'elles jugent utiles à leur relation, à condition qu'elles ne soient pas contraires à l'ordre public — par exemple des clauses discriminatoires ou prévoyant un niveau de rémunération inférieur au Smic.

Pour les activités de SAP, il est conseillé d'insérer ou d'annexer au contrat de travail certaines clauses visant à sécuriser et à professionnaliser la relation professionnelle :

- Une clause de non-concurrence pour éviter des détournements de clientèle possibles dans un contexte de fort *turnover* et de fréquente pluralité d'employeurs.

> Dans les SAP, de nombreux salariés sont employés par différentes entreprises et cumulent plusieurs contrats de travail. Ce multisalariat n'est possible qu'en respectant la durée légale maximale du travail et si des clauses de non-concurrence insérées dans les contrats de travail ne viennent pas l'empêcher.

- Une clause concernant la mobilité professionnelle.
- Une clause de disponibilité des employés pour permettre la réalisation de missions tous les jours de la semaine et les jours fériés.
- Une clause de dédit-formation, par laquelle le salarié qui reçoit une formation qualifiante s'engage à ne pas quitter l'entreprise pendant une certaine durée, sous peine de devoir indemniser son employeur.
- Une clause de confidentialité, absolument nécessaire compte tenu du travail à domicile qui fait entrer le salarié dans l'environnement privé du client.
- Une clause d'objectifs à réaliser notamment pour le personnel d'encadrement.

Enfin, pour inciter le salarié au respect des valeurs, de la culture et de la déontologie mises en avant par l'entreprise, il est recommandé d'élaborer une charte d'entreprise qui récapitule ces principes, de la faire signer aux salariés et de l'annexer aux contrats de travail.

Les axes de déclinaison

À l'intérieur du cadre général de l'engagement, le contrat peut se décliner en termes de durée, d'amplitude des horaires et de modulation du temps de travail.

La durée du contrat

Le contrat peut être établi pour une durée indéterminée (CDI). C'est la forme contractuelle de droit commun (art. 121-5 du Code du travail) qui demeure la plus couramment utilisée par les acteurs sociaux. Sans terme défini, ce contrat ne prend fin, hors cas très rare de force majeure, que par la volonté d'une des parties (démission, licenciement, départ en retraite du salarié) ou des deux (départ volontaire négocié).

Notez que la loi de modernisation du marché du travail du 25 juin 2008 a introduit la rupture conventionnelle comme nouvelle forme de rupture du contrat de travail à durée indéterminée. Dans ce cas, le salarié et son employeur concluent une convention de rupture, exclusive de la démission ou du licenciement, qui entérine la fin du contrat de travail entre les parties.

Cette convention de rupture détaille les conditions de la cessation du contrat, notamment la date de fin de la relation contractuelle et le montant de l'indemnité spécifique de rupture conventionnelle qui ne peut être inférieur à celui de l'indemnité légale de licenciement.

À l'issue du délai de rétractation dont disposent les parties, l'employeur ou le salarié adresse à la DDTEFP une demande d'homologation de la convention. Celle-ci a quinze jours pour se prononcer. Le défaut de réponse dans ce délai vaut acceptation de la convention.

Le salarié signataire d'une convention de rupture conventionnelle bénéficie de l'assurance-chômage.

Le contrat nouvelle embauche (CNE) a été supprimé par la loi de modernisation du marché du travail du 25 juin 2008. Les CNE en cours sont automatiquement requalifiés en CDI.

Le contrat peut être établi pour une durée déterminée (CDD). Cette forme contractuelle (le terme CDD a été introduit par la loi n° 79-11 du 3 janvier 1979) est strictement encadrée par la loi (art. L. 1221 du Code du travail) et les manquements aux règles légales font courir à l'employeur le risque de sanctions pénales accompagnées d'une requalification du contrat en CDI.

Obligatoirement transmis au salarié dans les deux jours suivant son embauche, le CDD doit spécifier avec précision le motif de son utilisation et sa durée de validité (généralement neuf ou dix-huit mois, mais parfois vingt-quatre mois), et contenir obligatoirement un certain nombre de mentions liées à ses conditions d'exécution (notamment les spécificités du poste de travail et la rémunération). S'il est conclu de date à date avec un terme certain, il peut être renouvelé une fois pour une durée qui peut être différente de la durée initiale du contrat. S'il est conclu sans terme certain, par exemple pour pourvoir au remplacement d'un salarié absent, il se termine *de facto* lorsque l'objet du contrat se réalise (pour cet exemple, le retour du salarié absent).

Les motifs justifiant l'embauche d'un salarié en CDD sont :

- le remplacement du chef d'entreprise ou de salariés absents, pour quelque motif que ce soit, ou ayant demandé à travailler temporairement à temps partiel ;
- le départ définitif d'un salarié avant la suppression de son poste ;
- les emplois saisonniers ou pour lesquels il est d'usage de recourir à un CDD (restauration, hôtellerie, spectacle, etc.) ;
- les contrats conclus dans le cadre des mesures pour l'emploi ou la formation professionnelle.

Attention, il est interdit, sous peine de sanctions pénales et de requalification du contrat en CDI, d'embaucher un salarié en CDD :
- dans les 6 mois qui suivent un licenciement économique ;
- pour remplacer un salarié dont le contrat est suspendu suite à un conflit collectif ;
- enfin si l'emploi oblige à effectuer des travaux dangereux.

Exceptionnellement, dans le cas des emplois saisonniers ou d'usage, ou pour remplacer un salarié absent, plusieurs CDD successifs pourront être conclus avec le même salarié et, sous certaines conditions particulières, avec un autre salarié.

Le CDD ne peut être rompu sans indemnités que d'un commun accord entre les parties, ou à l'initiative du salarié qui a conclu par ailleurs un CDI. Hormis les cas de force majeure ou de faute grave du salarié, l'employeur qui rompt le contrat sans justification légale doit verser à son employé des dommages et intérêts dont le montant ne peut être inférieur au reliquat des rémunérations dues au salarié entre la date de la rupture anticipée et le terme contractuel. En contrepartie, le salarié qui rompt unilatéralement le contrat peut se voir demander en justice le versement de dommages et intérêts couvrant le préjudice subi par l'entreprise. Au terme contractuel du contrat, l'employeur doit verser au salarié, sauf cas particuliers, une indemnité de précarité soumise à cotisations sociales et équivalente à 10 % (limitée à 6 % si un accord d'entreprise ou un accord de branche le prévoit) de sa rémunération brute totale perçue pendant la durée du contrat (primes comprises et hors indemnité de congés payés).

À côté du CDD de droit commun, il faut signaler :

- la création par l'accord interprofessionnel du 13 octobre 2005 du **CDD Senior** réservé aux demandeurs d'emploi âgés de plus de 57 ans et au chômage depuis plus de trois mois. Ce contrat peut être conclu pour une durée de dix-huit mois, renouvelable une fois, sans excéder au total trente-six mois.

- la mise en place à titre expérimental jusqu'au 25 juin 2013 du « **contrat de projet** ». Ce contrat conclu pour un objet défini permet, sous réserve de l'existence d'un accord de branche ou d'entreprise, de recruter un cadre ou un ingénieur pour réaliser une mission déterminée dans le cadre d'une durée de dix-huit à trente-six mois.

L'amplitude des horaires

Que la relation contractuelle soit à durée déterminée ou indéterminée, le travail peut porter sur un temps complet ou sur un temps partiel. Dans le secteur des SAP, marqué par une large volatilité de la demande, le recours au travail à temps partiel reste largement utilisé.

Le travail à temps complet est la forme habituelle du contrat de travail. Il correspond soit à la durée légale du travail (35 heures hebdomadaires ou 1 607 heures par an), soit à la durée conventionnelle fixée au niveau de la branche ou de l'entreprise, lorsque cette durée est inférieure à la durée légale.

L'employeur dispose d'un contingent d'heures supplémentaires fixé réglementairement à 180 heures par an et par salarié, ou à 130 heures par an et par salarié pour les salariés ayant souscrit un accord collectif de modulation.

Le recours aux heures supplémentaires permet de dépasser la durée légale du travail. Il donne droit aux salariés à une majoration de salaire et, sous conditions, à un repos compensateur.

Le travail à temps partiel est une forme de contrat qui ne peut dépasser la durée légale du travail. Il ne peut être mis en œuvre qu'après avis du comité d'entreprise ou, à défaut, des délégués du personnel et de l'inspection du travail dans les quinze jours de sa mise en place. Le contrat doit obligatoirement mentionner la durée hebdomadaire ou mensuelle du travail, sa répartition par jour de la semaine ou entre les semaines de chaque mois, ainsi que les possibilités et la nature des modifications de cette répartition.

Notez que les entreprises de SAP relevant du Plan de Développement sont exemptées de l'obligation de mentionner cette répartition. Elles peuvent, par dérogation aux règles générales définies à l'article L. 212-4-3 du Code du travail, ne faire figurer qu'un volume horaire hebdomadaire ou mensuel global, sans précision quant à sa répartition journalière et par tranches horaires.

Le recours à des heures complémentaires ne doit pas dépasser 1/10e de la durée contractuelle du temps de travail, mais peut, d'un commun accord entre les parties, représenter 1/3 de la durée prévue par le contrat de travail. Dans ce cas, les heures complémentaires travaillées au-delà de celles excédant les 1/10 légalement autorisées sont payées sur la base de 25 % de plus que le salaire horaire de référence.

Un contrat à temps partiel doit en outre spécifier :

- Les conditions d'exercice des heures *complémentaires* (distinctes des heures *supplémentaires*). Ces heures de travail sont effectuées en plus de la durée du travail prévue par le contrat de travail et rémunérées au même tarif que les heures normales.
- Les modalités de communication des horaires de travail. Pour les entreprises de SAP relevant du Plan de Développement, ces horaires sont chaque mois obligatoirement transmis par écrit au salarié.

La modulation du temps de travail

Dans le secteur des SAP, marqué par une demande irrégulière et donc par une activité fluctuante, l'entrepreneur peut avoir intérêt à signer avec ses salariés un accord collectif sur la modulation du temps de travail.

Cette dernière a pour objet d'adapter le rythme de travail des salariés à celui de l'activité de l'entreprise et d'éviter ainsi de recourir aux heures supplémentaires, ou inversement à la mise au chômage technique. Elle consiste à faire varier le temps hebdomadaire du travail à la hausse ou à la baisse à la condition expresse que, sur une année pleine, la durée totale du travail n'excède pas celle stipulée au contrat et, en tout état de cause, le plafond légal de 1 607 heures. Elle peut s'appliquer à tout type de contrat de travail, qu'il soit à durée indéterminée ou déterminée et à temps complet ou partiel, mais n'est possible qu'en respectant un certain nombre de conditions :

- Identifier clairement les personnels concernés.
- Informer par écrit les salariés sur leur programme de travail — les entreprises de SAP relevant du Plan de Développement sont toutefois exemptées de cette obligation.
- Établir un programme indicatif de répartition du travail. Dans le cadre d'un contrat à temps complet, ce programme doit respecter les limites spécifiées par le Code du travail — dix heures par jour, quarante-huit heures par semaine ou quarante-quatre heures par semaine sur une période de douze semaines consécutives. Dans le cadre d'un contrat à temps partiel, outre les limites spécifiées par le Code du travail, le programme doit indiquer les limites haute et basse à l'intérieur desquelles la durée du travail peut varier — pour la semaine ou pour le mois, l'écart entre ces limites et la durée stipulée au contrat ne peut excéder le tiers de cette durée.

En cas d'accord de modulation concernant un contrat à temps complet, les heures supplémentaires prises en compte sont les heures effectuées au-delà du plafond légal des 1 607 heures annuelles ou des différents accords collectifs qui règlent la durée maximale hebdomadaire ou annuelle du travail.

- Déterminer les impacts sur la rémunération des salariés. Compte tenu des variations du temps hebdomadaire ou mensuel de travail, la convention peut prévoir la mise en place d'un système de lissage des salaires. Ce système sécurise le personnel et lui permet de recevoir régulièrement une rémunération de même niveau.
- Définir les conditions et les délais de modification des horaires de travail. Alors qu'en droit commun, toute modification ne peut intervenir moins de trois ou sept jours après que le salarié a été informé, les accords de modulation dans les SAP peuvent prévoir des dérogations à ce délai de prévenance.

Caractéristiques des principaux contrats

	CDI à temps complet ou à temps partiel	CDD à temps complet ou à temps partiel
Personnes concernées	16 ans et plus	16 ans et plus
Forme du contrat	Contrat écrit non obligatoire, mais vivement conseillé	Contrat écrit obligatoire
Durée du contrat	Indéterminée	Déterminée (renouvelable une fois)
Période d'essai	Ne peut excéder 2 à 4 mois, renouvelable une fois	1 mois maximum
Préavis de fin de contrat	Définie par le contrat ou la convention collective, le plus souvent entre 1 et 3 mois	Aucun, sauf en cas d'embauche en CDI

Les contrats aidés

Hormis les déclinaisons habituelles présentées plus haut, il est également possible d'opter pour des contrats dits « aidés ». Ces contrats, dont le principe est d'adosser des aides financières publiques à l'embauche de certaines catégories de populations, concernent principalement les jeunes actifs et les personnes en difficulté d'accès à l'emploi.

Pour les jeunes actifs

Dans le souci de réduire le chômage des jeunes de 16 à 25 ans sans qualification, les pouvoirs publics ont mis en place des contrats spécifiques offrant un panel diversifié d'aides à l'emploi particulièrement intéressantes. Ces contrats aidés sont principalement les suivants.

- Le contrat d'apprentissage à durée déterminée prévoit, pour l'emploi d'un jeune par une entreprise de moins de onze salariés, l'exonération des cotisations sociales patronales et salariales, hors cotisations patronales d'accident du travail, le versement d'une indemnité compensatrice forfaitaire de 1 000 euros au minimum ainsi qu'un crédit d'impôt d'un montant variable selon le nombre et la qualification des apprentis.

Des mesures additionnelles ont été prises dans le cadre du « Plan d'urgence pour l'emploi des jeunes de moins de 26 ans » embauchés entre le 24 avril 2009 et le 30 juin 2010.

- Le contrat de professionnalisation (exonération de charges patronales, remboursement des heures de formation) à durée indéterminée.

Pour les personnes en difficulté d'accès à l'emploi

Les contrats aidés, qui s'adressent spécifiquement à des personnes rencontrant de grandes difficultés d'accès à l'emploi, sont multiples.

- Le contrat d'initiative emploi (CIE) attribue à l'entreprise une aide forfaitaire d'embauche pour la prise en charge d'une partie du salaire et des frais de formation et d'accompagnement au retour à l'emploi.

- Le contrat d'insertion revenu minimum d'activité (CI-RMA) alloue une aide financière pour le recrutement de personnes recevant le RSA, l'ASS ou l'allocation pour adultes handicapés, et une réduction de l'assiette de calcul des cotisations sociales pour le recrutement de personnes en fin de droit. Attention : la loi du 1er décembre 2008 portant création du RSA et du contrat unique d'embauche prévoit la disparition du CI-RMA au 1er janvier 2010.
- Le contrat de professionnalisation permet le remboursement des heures de formation, l'exonération des cotisations patronales versées à l'Urssaf lorsque le bénéficiaire est un demandeur d'emploi âgé de plus de 45 ans et dans certains cas le versement d'une aide forfaitaire par Pôle Emploi.
- La « réduction Fillon » concerne tous les salariés, quel que soit leur temps de travail, et assure aux employeurs, à la condition qu'ils aient cotisé au régime d'assurance-chômage, une réduction des cotisations patronales de Sécurité sociale dans la limite de 1,6 fois la garantie de rémunération. La réduction est au maximum de 26 % du Smic dans les entreprises de plus de dix-neuf salariés et de 28,1 % dans les entreprises d'un à dix-neuf salariés.

Les contrats aidés connaissant des remaniements fréquents, il est vivement conseillé de s'informer sur le sujet auprès de la DDTEFP, des CCI et de Pôle Emploi.

L'exonération de cotisations patronales

Le décret n° 2006-25 du 9 janvier 2006, pris en application de la loi du 26 juillet 2005, permet aux opérateurs de SAP agréés de bénéficier d'une exonération de cotisations patronales d'assurances sociales, d'accidents du travail et d'allocations familiales. Cette mesure ne vise que les opérateurs prestataires puisque, dans le cas d'une activité de mandataire, l'intervenant à domicile est employé par la personne bénéficiaire du service. Elle s'applique à condition que l'entreprise ou l'association agréée ne soit pas éligible à une autre mesure d'exonération.

Au titre de ce dispositif, l'exonération est plafonnée au montant des cotisations patronales dues sur la part de la rémunération n'excédant pas le produit du Smic horaire brut (8,82 € depuis le 1er juillet 2009) par le nombre d'heures rémunérées. Ce nombre d'heures doit être pris en compte dans la limite de la durée légale mensuelle du travail ou de la durée conventionnelle applicable dans l'entreprise. Le texte prévoit également des dispositions pour les employeurs rémunérant leurs salariés au forfait annuel, en jours ou en heures, ainsi qu'à la tâche ou au rendement.

À côté de ce régime, il existe un second dispositif d'exonération totale de charges sociales patronales, qui concerne « l'aide à domicile » de personnes âgées ou handicapées de plus de 70 ans pour des prestations d'assistance renforcée allant au-delà de l'assistance aux simples actes de la vie courante. Les entreprises agréées peuvent obtenir le bénéfice de cette exonération auprès de l'Urssaf.

Les exonérations de charges sociales du régime général et de l'« aide à domicile » peuvent se cumuler. L'employeur doit alors faire apparaître clairement sur deux lignes distinctes de la fiche de paie du salarié le nombre d'heures rémunérées auxquelles s'applique chacune de ces deux exonérations. Ce cumul d'exonérations exclut l'application de tout

Le bénéfice de ces exonérations de charges patronales n'exclut pas l'entreprise du paiement de la CSG, de la CRDS, de la contribution solidarité autonomie, de la FNAL et du versement transport.

autre dispositif d'allégement de charges sociales mis à la disposition des entreprises par les pouvoirs publics.

Les formalités administratives liées à l'embauche

Les formalités d'embauche générales

Si vous embauchez un salarié lors de la création de votre entreprise, les formalités administratives liées à ce recrutement seront prises en charge par le CFE. Si, en revanche, l'embauche intervient postérieurement à la création, vous devrez adresser à l'Urssaf, par courrier (en recommandé avec accusé de réception) ou *via* Internet et dans les huit jours précédant la date d'embauche prévue, une **déclaration unique d'embauche (DUE)** comprenant les documents suivants :

- la déclaration préalable à l'embauche (DPAE) contenant impérativement les données relatives à l'employeur (numéro SIRET, code NAF, dénomination sociale, adresse complète, numéros de fax et de téléphone) et au futur salarié (nom patronymique et marital, prénoms, sexe, date et lieu de naissance, nationalité, numéro de Sécurité sociale, date et heure d'embauche prévue) ;
- la déclaration de première embauche dans un établissement ;
- la demande d'immatriculation du salarié à la Sécurité sociale ;
- la demande d'affiliation au régime d'assurance-chômage ;
- la demande d'adhésion à un centre de médecine du travail ;
- la déclaration d'embauche du salarié auprès du centre de médecine du travail en vue de la visite médicale obligatoire ;
- la liste des salariés permettant le pré-établissement de la DADS (déclaration annuelle des données sociales).

C'est l'Urssaf qui transmettra ces informations aux différents organismes concernés (Insee, Pôle Emploi, Caisse Régionale d'Assurance-Maladie, Direction Départementale du Travail, de l'Emploi et de la Formation Professionnelle, centre de médecine du travail).

En plus de cette DUE, vous aurez à :

- informer l'Inspection du travail par lettre recommandée avec accusé de réception ;
- établir un contrat de travail ou une lettre d'embauche ;
- vous acquitter d'une taxe en cas d'embauche d'un salarié étranger hors Union Européenne ;
- procéder à l'immatriculation du salarié, qu'il soit cadre ou non-cadre, à une caisse de retraite complémentaire.

La DUE est obligatoire, sauf dans le cas des dispositifs mis en place pour simplifier les formalités d'embauche des petites entreprises.

Enfin, en devenant employeur, il vous faudra faire preuve d'une grande rigueur administrative et respecter certaines formalités :

- l'ouverture d'un registre du personnel contenant l'état-civil complet de chaque salarié et le contenu du lien contractuel (date d'entrée et de sortie, type de contrat, emploi et qualification, titre d'autorisation de travail pour les étrangers) ;
- la tenue d'un livre de paie, avec les doubles des bulletins de paie des cinq dernières années ;
- l'ouverture d'un registre recensant les diverses interventions de l'Inspection du travail ;
- l'affichage sur un panneau visible sur le lieu de travail d'informations diverses (règlement intérieur, convention collective, horaires de travail, coordonnées de la médecine du travail, des secours

d'urgence et de l'inspecteur du travail, normes d'hygiène et de sécurité) ;

- la délivrance, le jour de la signature d'un contrat de travail à durée déterminée, d'un bordereau individuel d'accès à la formation professionnelle (BIAF).

Les formalités d'embauche simplifiées

Il s'agit essentiellement de la déclaration unifiée de cotisations sociales (DUCS) qui permet à l'employeur d'une part d'obtenir le calcul des rémunérations et de l'ensemble des cotisations et des contributions dues légalement et à titre conventionnel ; d'autre part de faire les déclarations obligatoires relatives aux cotisations et contributions sociales destinées aux Urssaf, caisses de retraite et de congés payés et au Pôle emploi.

Depuis le 19 mai 2009 également, le titre emploi service occasionnel (TEE) et le service chèque emploi pour les très petites entreprises (TPE) ont été fusionnés et remplacés par le titre emploi service entreprise (TESE) crée par la loi de modernisation de l'économie du 4 août 2008. Pour les employeurs qui utilisaient le TEE ou le chèque emploi TPE, l'adhésion au nouveau dispositif TESE est automatique.

Le TESE concerne l'ensemble des entreprises hors régime des salariés agricoles qui :

- ont moins de neuf salariés ou qui, quel que soit l'effectif, emploient des salariés ayant une activité inférieure à cent jours ou sept cents heures par an ;
- embauchent en CDI, CDD, à temps complet ou partiel.

Les modalités d'adhésion au TESE se font sur le site Internet www.letese.urssaf.fr ou au moyen d'un formulaire délivré par l'Urssaf ou le centre national de traitement du TESE compétent pour le secteur professionnel (pour les SAP, il s'agit du Centre national de Paris, TSA 90029 93517 Montreuil cedex).

- L'adhésion faite, le Centre national compétent adresse à l'employeur un carnet de volet d'identification des salariés et un carnet de volet social.
- Dans les huit jours précédant l'embauche, l'employeur transmet au Centre de traitement du TESE le volet d'identification du salarié dûment complété et en délivre copie au salarié.
- Chaque mois, l'employeur adresse au Centre de traitement la déclaration mensuelle pour le calcul des cotisations sociales et, dans les trois jours de sa réception, le Centre de traitement retourne à l'employeur le bulletin de paie à remettre au salarié.

Notez qu'il existe un TESE simplifié pour les embauches de personnel non-cadre et dont la convention collective ne prévoit pas une cotisation obligatoire au titre de la prévoyance.

Le statut du conjoint

La loi Dutreil du 2 août 2005 en faveur des PME accorde une attention particulière au statut du conjoint de l'entrepreneur. Afin de lui donner une protection sociale et des droits à la retraite, l'article 12 de cette loi impose dorénavant de choisir un statut pour le conjoint qui participe effectivement et durablement à l'activité de l'entreprise. Ce choix, à formuler auprès du CFE, est à faire entre trois statuts clairement définis : le conjoint collaborateur, le conjoint salarié et le conjoint associé.

Le conjoint collaborateur

Ce statut n'est possible que pour le conjoint d'un entrepreneur individuel, d'un gérant associé unique d'EURL dont l'effectif ne dépasse pas vingt salariés ; sous certaines conditions, d'un gérant majoritaire de SARL dont l'effectif ne dépasse pas vingt salariés ; enfin, depuis la loi de modernisation de l'économie de 2008, aux personnes liées par un PACS au chef d'entreprise

> Le conjoint collaborateur bénéficie d'un droit personnel au titre de la formation professionnelle continue. La cotisation due à ce titre par le dirigeant est égale à 0,24 % du plafond annuel de la Sécurité sociale.

Pour pouvoir revendiquer ce statut, le conjoint doit remplir plusieurs conditions.

- Être marié ou pacsé.
- Travailler véritablement et de façon durable et continue dans l'entreprise.
- Ne pas percevoir de rémunération au titre du travail effectué.
- Ne pas exercer d'activité professionnelle en dehors de l'entreprise, à l'exception d'une activité salariée qui n'excède pas un mi-temps.
- S'inscrire au Registre du commerce et des sociétés ou au Répertoire des métiers pour les artisans, afin d'acquérir un mandat de gestion pour effectuer des actes d'administration courante (signer des chèques, établir et payer des factures, etc.).

Ce statut confère plusieurs droits au conjoint.

- Sur le plan social, il bénéficie de l'assurance-maladie en qualité d'ayant droit et aussi de certaines prestations d'assurance-maternité (allocation de repos maternel et indemnité de remplacement pour les travaux ménagers effectués par des salariés tiers). Le conjoint collaborateur pacsé devra cotiser personnellement au régime d'assurance-vieillesse du chef d'entreprise.

- Pour la retraite, il peut — outre son droit à une pension de réversion — se constituer une retraite personnelle en s'affiliant volontairement à l'assurance-vieillesse, invalidité des commerçants et artisans. Cette retraite est totalement modulable (cinq formules de cotisations, possibilité de rachat de trimestres) et peut être complétée par un contrat « loi Madelin ». Les cotisations volontaires de retraite sont déductibles du bénéfice de l'entreprise.
- Sur le plan juridique, sa responsabilité personnelle ne peut être engagée par des créanciers tiers, dans la mesure où il n'effectuera que des actes d'administration courante. Dans le cas contraire, il pourra être poursuivi sur ses biens et revenus personnels, même s'il est marié sous le régime de la séparation des biens.

Le conjoint salarié

Ce statut est possible quel que soit le statut juridique de l'entreprise. Pour pouvoir le revendiquer, le conjoint ne doit pas s'immiscer dans la gestion de l'entreprise et doit être titulaire d'un contrat de travail au même titre que tout autre salarié, c'est-à-dire :

- Travailler de façon durable, habituelle et continue dans l'entreprise. Il est conseillé d'établir un contrat de travail, d'y mentionner les fonctions exercées, les horaires de travail et la rémunération perçue et de faire enregistrer ce contrat au service des impôts afin d'éviter toute contestation.
- Percevoir une rémunération au titre du travail effectué qui soit en adéquation avec son niveau de qualification et, en tout état de

cause, au minimum égale au Smic. Ce salaire sera soumis à l'impôt sur le revenu dans la catégorie des TS.

La rémunération du conjoint salarié est une charge déductible des revenus de l'entreprise, en totalité si l'entreprise est soumise à l'IS, et intégralement ou partiellement si l'entreprise est soumise à l'IR (conditions liées à l'adhésion à un CGA et au régime matrimonial). Les charges sociales sont en revanche toujours déductibles en totalité.

Le conjoint, qu'il soit marié ou pacsé, bénéficie alors des avantages de droit commun des travailleurs salariés :

- une affiliation au régime général de la Sécurité sociale avec une couverture complète pour la maladie et la maternité ainsi que, sous certaines conditions, un accès aux prestations d'assurance-chômage ;
- des prestations de retraite ;
- l'abattement fiscal de 10 % sur les rémunérations perçues.

Le conjoint associé

Le conjoint peut choisir de devenir associé au capital de l'entreprise et marquer ainsi sa volonté de participer officiellement à l'administration et à la gestion de la société.

Attention, si vous êtes marié et souhaitez constituer une société avec votre conjoint, les statuts doivent obligatoirement être établis par acte notarié.

Sur le plan social, le conjoint associé bénéficie d'une assurance-maladie/maternité assimilable et comparable à celle du chef d'entreprise (affiliation gratuite en qualité d'ayant droit de l'entrepreneur), En revanche, le partenaire pacsé qui choisit le statut de conjoint associé devra cotiser personnellement au régime d'assurance-vieillesse du chef d'entreprise. Sur le plan juridique, son engagement et son risque seront limités au montant de ses seuls apports au capital social.

L'Île Bleue

Garde d'enfants à domicile

33, chemin d'Embax, 31170 Colomiers
Tél. : 05 34 55 13 97
www.lilebleue.eu

Colette Bory a, durant plusieurs années, travaillé dans le monde associatif. Cette expérience au plus près du terrain lui a fait prendre conscience des profondes transformations que connaît la société française, avec notamment l'explosion du nombre de familles monoparentales, le développement du travail féminin, la flexibilité accrue des conditions de travail, ainsi que le stress et les contraintes horaires. Le constat est clair : « *La société bouge, les besoins aussi !* »

Colette complète sa connaissance du secteur par une étude de marché argumentée et réalise également un plan prévisionnel, qui sera tenu dans les faits.

Colette décide donc de saisir cette opportunité et crée en 1998 une première structure généraliste de SAP, qui prend en charge un grand nombre d'activités (ménage, garde d'enfants, aide aux personnes âgées, etc.). Cette expérience est concluante, mais Colette souhaite aller plus loin dans la qualité de service. Elle pense que « *pour réussir et devenir un professionnel reconnu, il faut se spécialiser et exercer les différents métiers au sein de structures indépendantes* ». C'est pourquoi, en 2003, elle crée L'Île Bleue, qui s'occupe de la garde d'enfants à domicile dans la grande agglomération toulousaine. Le marché existe bien, car les parents travaillent et sont confrontés au quotidien à la problématique de la garde de leurs enfants, d'autant que les structures sociales d'accueil existantes (crèches) sont insuffisantes.

Pour se lancer, Colette mobilise ses soutiens dans le milieu associatif. Elle emprunte 25 000 € pour financer son installation :

- 10 000 € sont consacrés à l'achat de matériel informatique, à la communication et à la location d'un local de 40 m^2 ;
- 15 000 € environ sont affectés à la publicité et au financement de son fonds de roulement.

Elle complète sa connaissance du secteur par une étude de marché argumentée et réalise également un plan prévisionnel, qui sera tenu dans les faits.

En matière d'offre, Colette décide d'adopter des solutions pratiques pour répondre rapidement et efficacement aux attentes du marché :

- intervention en complément du mode de garde habituel, avant ou après les heures de présence à la crèche ;
- garde des enfants malades lorsque les parents travaillent ou sont conviés à une réception ;
- mise en place de formules d'abonnement annuel prépayé de 3/6/9 heures, peu contraignantes et qui attirent les parents de tous milieux sociaux — d'autant que les aides sociales comme la PAJE (prestation d'accueil du jeune enfant) ou le Cesu préfinancé permettent de réduire le coût réel de la prestation.

Colette crée un site Internet et choisit d'investir dans l'annuaire PagesJaunes et dans des flyers distribués sur les marchés et dans les centres commerciaux.

Dans la foulée, Colette obtient pour L'Île Bleue un agrément qualité, obligatoire pour la garde de jeunes enfants, crée un site Internet et choisit d'investir dans l'annuaire PagesJaunes et dans des *flyers* distribués sur les marchés et dans les centres commerciaux — si les retours sur ces supports sont bons, les articles dans la presse spécialisée ne donneront en revanche pas les résultats attendus. Parallèlement, elle développe un réseau de prescripteurs : institutions et organismes locaux et régionaux, caisse d'allocations familiales, comités d'entreprise sont approchés et sollicités.

Reste pour L'Île Bleue à constituer son équipe, à la structurer et à organiser son fonctionnement :

- Colette embauche plusieurs intervenantes à domicile, toutes titulaires au minimum d'un CAP petite enfance ou d'un diplôme équivalent, dont le travail est encadré et coordonné par un référent ayant la double mission de contrôler la qualité des interventions et d'assurer le management du personnel (recrutement, suivi des interventions, formation, réunions mensuelles d'information et d'échange).

- Elle a recours à une assistante planning pour gérer l'accueil téléphonique des clients, les inscriptions et les demandes d'intervention sur Internet ainsi que le planning d'intervention de l'équipe de terrain.
- Elle met en place des procédures de suivi et de contrôle de la qualité, et se dote d'outils permettant au personnel de mieux accomplir ses missions et de maintenir un lien constant avec les parents (dossier de l'enfant, fiche de transmission).
- Elle requiert l'assistance d'un expert-comptable et d'un avocat spécialiste du droit social (contrats de travail et suivi de la législation) pour mettre en œuvre un accord d'entreprise sur l'annualisation du temps de travail.

Colette est consciente que la qualité des hommes et des femmes employés constitue un élément déterminant pour réussir dans ce secteur d'activité.

Consciente que la qualité des hommes et des femmes employés constitue un élément déterminant pour réussir dans ce secteur d'activité, Colette n'a pas eu de problèmes de recrutement. « *Je paye les membres de mon équipe au-dessus du marché, en récompensant leur engagement par un système incitatif de primes. Par ailleurs, la grande majorité du personnel est engagée en CDI à temps partiel, car cela correspond au souhait de nombreuses intervenantes qui désirent concilier travail et vie de famille.* »

Cette démarche structurée a porté ses fruits et L'Île Bleue connaît aujourd'hui une progression forte et constante de son activité avec un chiffre d'affaires de 350 000 € en 2008. Pour 2009, le contexte de crise oblige à la prudence, mais les perspectives à moyen terme restent positives.

Cette évolution de l'environnement de l'entreprise s'accompagne d'une nouvelle stratégie de croissance.

- Reproduire ce modèle gagnant en créant des structures spécialisées

sur d'autres métiers — première initiative avec Réponses Plurielles, spécialisée dans l'entretien du domicile et dotée d'une structure organisationnelle et d'un modèle de fonctionnement similaire à ceux de L'Île Bleue. Seule concession, à la stricte séparation des équipes, la mutualisation des ressources logistiques (locaux, équipement bureautique, réseau informatique, etc.), qui permet d'optimiser les coûts sans nuire à l'indépendance des activités.
- Aider des candidats à créer leur structure de proximité sur une zone géographique nouvelle. À cette fin, Colette a procédé au dépôt de ses deux marques et mis en place une formule d'adhésion au concept et d'accompagnement des candidats.

« Optez pour la SARL, car ce type de structure est celui qui offre le plus d'opportunités pour bénéficier des aides à la création et gérer l'entreprise de manière souple et sécurisée. »

De ces expériences, Colette tire quelques enseignements en forme de conseils aux candidats à la création d'entreprise dans les SAP. Elle leur donne ainsi les conseils suivants.

- Bénéficier du soutien psychologique et matériel de leur famille et ne pas sous-estimer l'effort physique et nerveux que représente ce défi.
- Structurer leur démarche, en réalisant une étude de marché et en construisant de solides documents financiers prévisionnels.
- Choisir une structure juridique adaptée (« *Optez pour la SARL, car ce type de structure est celui qui offre le plus d'opportunités pour bénéficier des aides à la création et gérer l'entreprise de manière souple et sécurisée* »).
- Bien choisir les membres de leur équipe, investir dans la communication et rechercher un niveau de qualité optimal (« *C'est le bouche-à-oreille qui fidélise les clients, en attire d'autres et assure et pérennise votre entreprise* »).

Où trouver l'information ?

9

Bibliographie

Ouvrages sur la création d'entreprise

- *APCE fiches professionnelles* (mises à jour régulières).
- *Créer ou reprendre une entreprise*, APCE, Éditions d'Organisation, 2009, 22e éd.
- *Créer son entreprise : du projet à la réalité*, Vincent Ydé, Vuibert, 2009, 3e éd.
- *Entreprendre dans les services*, Carole Logiez et Elizabeth Vinay, Dunod, 2006, 2e éd.
- *Le guide de la micro-entreprise*, Laurence Piganeau, APCE, Éditions d'Organisation, 2009, 6e éd.
- *Stratégie pour la création d'entreprise*, Robert Papin, Dunod, 2009, 13e éd.

Ouvrages sur les entreprises de services à la personne

- *Démarche qualité et services aux personnes à domicile*, Christophe Pelletier, Dunod, 2005.
- *Réussir son entreprise de services à la personne*, Caisse des Dépôts et Fédération des Entreprises de Services à la Personne, Rapport, 2008.
- *Guide pratique de certification des services à la personne*, Idap, Axciome C, Afnor, 2006.
- *Les services à la personne : réglementation, financement, organisation*, Pierre Debons, Juris-Service, 2006.
- *Les services à la personne — L'économie de la quotidienneté*, Joël Defontaine, Groupe Liaisons, 2006.
- *Les services à la personne — Guide Pratique*, Héloise Wirth, Pearson Education, 2006.
- *Réussir sa création d'entreprise de services à la personne — Une démarche spécifique*, Jean-Paul Vimont, Wolters Kluwer France, 2008.
- Se *mettre à son compte dans les services à la personne*, Gallianne Coudert et Guillaume Duprez, Éditions du Puits Fleuri, 2006.

Organismes professionnels

Organisations généralistes

- ACFCI, Assemblée des Chambres Françaises de Commerce et d'Industrie

46, avenue de la Grande Armée, 75017 Paris
Tél. : 01 40 69 37 00 - www.acfci.cci.fr

- APCM, Assemblée Permanente des Chambres de Métiers

12, avenue Marceau, 75008 Paris
Tél. : 01 44 43 10 00 - www.artisanat.fr

- COE-REXECODE, Centre d'observation économique de la CCI de Paris

29 avenue Hoche, 75008 Paris
Tél. : 01 53 89 20 89 - www.coe-rexecode.fr

- Direction des entreprises commerciales

3, rue Barbet de Jouy, 75007 Paris
Tél. : 01 43 19 24 24 - www.pme.gouv.fr

- FFF, Fédération Française de la Franchise

9, rue Alfred de Vigny, 75008 Paris
Tél. : 01 53 75 22 25 - www.franchise-fff.com

- INPI, Institut National de la Propriété Industrielle

26 bis, rue Saint Petersbourg, 75008 Paris
Tél. : 0 820 213 213 (numéro à tarif spécial)
www.inpi.fr

- Réseau + Solidarité entreprise

22, boulevard Edgar-Quinet, 75014 Paris
Tél. : 01 70 71 24 00 - www.reseau-plus.net

Installation d'entreprises

- ELAN, Réseau national des dirigeants de pépinières d'entreprises

35, rue de Montjean, 94266 Fresnes Cedex
www.pepinieres-elan.fr

- SNCAED, Syndicat National des Centres d'Affaires et des Entreprises de Domiciliation

8, rue Lemercier, 75017 Paris
Tél. : 01 58 22 24 26 - www.sncaed.asso.fr

Organisations de services à la personne

Associations et syndicats

- ANSP, Agence Nationale pour les Services à la Personne

  3, square Desaix, 75015 Paris
  Tél. : 01 44 49 84 60 - www.servicesalapersonne.gouv.fr

- CR-Cesu, Centre de remboursement du Cesu

  93738 Bobigny Cedex 09
  Tél. : 08 92 68 06 62 - www.cr-cesu.fr

- FEPEM, Fédération nationale des particuliers employeurs

  50, avenue Daumesnil, 75579 Paris Cedex 12
  Tél. : 0825 07 64 64 - www.fepem.fr

- FESP, Fédération des Entreprises de Services à la Personne

  48, boulevard de la Tour Maubourg
  Tél. : 01 53 85 40 80 - www.fesp.asso.fr

- IDAP, Institut de Développement des Activités de Proximité

  11, rue du 11 novembre, 92120 Montrouge
  Tél. : 01 46 57 31 30 - www.idap.org

- SESP, Syndicat des Entreprises de Services à la Personne

  48, boulevard de la Tour Maubourg, 75007 Paris
  Tél. : 01 53 85 40 70 - www.sesp.asso.fr

Enseignes nationales

- À Domicile Services

  www.fede-adomicile.org

- A +

  Tél. : 0810 600 447 - www.aplus-qualite.fr

- Bien-Être Assistance

  Tél. : 01 53 58 73 00 - www.bienetrealacarte.com

- CNP Assurances

Tél. : 0820 321 039 - www.cnp-servicesalapersonne.fr

- Crédit Agricole Mission Services

Tél. : 0825 837 837 - www.ca-servicesalapersonne.fr

- Domiserve +

Tél. : 0810 55 55 55 - www.domiserve.com

- Domissimo

Tél. : 0810 45 32 22 - www.domissimo.org

- Fourmi Verte

Tél. : 0811 88 66 44 - www.fourmi-verte.fr

- Groupe Assisteo

Tél. : 0810 300 300 - www.assisteo.fr

- Handeo

Tél. : 0820 22 50 50 - www.handeo.fr

- La Maison du Particulier Employeur

Tél. : 0826 10 30 10 - www.particulieremploi.fr

- Genius

Tél. : 0892 692 592 - www.genius-laposte.fr

- Groom Services

Tél. : 0825 837 837 - https://servicesalapersonne.lcl.fr

- Macif Services à la personne

Tél. : 0820 300 155 - www.macif.fr

- Maif Services au quotidien

Tél. : 0810 699 780 - www.maif.fr

- Mgen Services à la personne

Tél. : 0820 219 219 - www.mgen.fr

- Personia

Tél. : 0810 205 008 - www.personia.org

- Service À Domicile

Tél. : 0825 303 000 - http://www.caisse-epargne.fr/aider-domicile

Organismes de distribution du Cesu préfinancé

- ACE (Groupe Accor et Groupe Caisse d'Épargne)

Tél. : 0820 151 616 - www.ticket-cesu.fr

- La Banque Postale (Groupe La Poste)

Tél. : 0820 826 826 - www.labanquepostale.fr

- Chèque Domicile (Groupe Chèque Déjeuner)

Tél. : 01 41 47 24 05 - www.chequedomicile.fr

- Domiserve (Groupe Axa et Dexia Crédit Local)

Tél. : 08 10 55 55 55 - www.domiserve.com

- Natixis Intertitres (Groupe Banque Populaire)

Tél. : 0 820 202 001 - www.eole.intertitres.natixis.fr

- Sodexo Chèques et Cartes de Service (Groupe Sodexo-Alliance)

Tél. : 0 820 038 039 - www.sodexo.fr

Organismes de certification qualité

- AFAQ AFNOR, Association française de normalisation

11, rue Francis de Pressensé,
93571 La Plaine Saint-Denis Cedex
Tél. : 01 46 11 37 00 - www.afnor.fr

- SGS, International Certification Services Qualicert

191, avenue Aristide-Briand, 94230 Cachan Cedex
Tél. : 01 41 24 83 02 - www.fr.sgs.com

Financements et aides

- ADIE, Association pour le Droit à l'Initiative Économique

81 bis, rue Julien-Lacroix, 75020 Paris
Tél. : 0800 800 566 - www.adie.org

- AFIC, Association Française des Investisseurs en Capital

23, rue de l'Arcade, 75008 Paris
Tél. : 01 47 20 99 09 - www.afic.asso.fr

- France Active

120, rue Réaumur, 75002 Paris
Tél. : 01 53 24 26 26 - www.franceactive.org

- France Initiative

55, rue des Francs Bourgeois, 75181 Paris Cedex 04
Tél. : 01 40 64 10 20 - www.france-initiative.fr

- Love Money

10, rue Montyon, 75009 Paris
Tél. : 01 48 00 03 35 - www.love-money.org

- NEF, Nouvelle Économie Fraternelle

114, boulevard du 11 novembre 1918,
69626 Villeurbanne Cedex
Tél : 0811 901 190 - www.lanef.com

- Oseo

27-31, avenue du Général Leclerc,
94710 Maisons-Alfort Cedex
Tél. : 01 41 79 80 00 - www.oseo.fr

- Paris Initiatives Entreprises

68, boulevard Malesherbes, 75008 Paris
Tél. : 01 53 04 02 62 - www.parinitiativentreprise.com

- Réseau Entreprendre

50, boulevard du Général de Gaulle, 59100 Roubaix
Tél. : 03 20 66 14 66 - www.reseau-entreprendre.org

- Réseau Racines

8, rue des Mariniers, 75014 Paris
Tél. : 01 53 79 07 61 - www.racines-clefe.com

- Cigales

61, rue Victor-Hugo, 93500 Pantin
Tél. : 01 49 91 90 91 - www.cigales.asso.fr

- Garrigue

61, rue Victor-Hugo, 93500 Pantin
Tél. : 01 48 44 74 03 - www.garrigue.net

Formalités administratives et renseignements sur la création d'entreprise

- Les Boutiques de gestion

14, rue Delambre, 75014 Paris
Tél. : 01 43 20 54 87 - www.boutiques-de-gestion.com

- APCE, Agence Pour la Création d'Entreprises

14, rue Delambre, 75014 Paris
Tél. : 01 42 18 58 58 - www.apce.com

- APEC, Association Pour l'Emploi des Cadres

51, boulevard Brune, 75014 Paris
Tél. : 0810 805 805 - www.apec.fr

- CNJE, Confédération Nationale des Juniors Entreprises

6, rue des Immeubles industriels, 75011 Paris
Tél. : 01 43 70 26 56 - www.junior-entreprises.com

- DDTEFP, Direction Départementale du Travail, de l'Emploi et de la Formation Professionnelle, Service création d'entreprise

210, quai de Jemmapes, 75010 Paris
Tél. : 01 44 84 41 00 - www.travail-solidarite.gouv.fr

- DRIRE, Direction Régionale de l'Industrie, de la Recherche et de l'Environnement

10, rue Crillon, 75004 Paris
Tél. : 01 44 59 47 47 - www.drire.gouv.fr

- FCGA, Fédération des Centres de Gestion Agréés

2, rue Meissonier, 75017 Paris
Tél. : 01 42 67 80 62 - www.fcga.fr

Formation à la création d'entreprise

- Advancia, École de management et d'entrepreneuriat
  Séminaire de formation sur les services à la personne

39, avenue Trudaine, 75009 Paris
Tél. : 01 49 70 61 00 - www.advancia.fr

- AFPA, Association de Formation Professionnelle pour Adultes

13, place du Général de Gaulle,
93108 Montreuil-sous-Bois Cedex
Tél. : 01 48 70 50 00 - www.afpa.fr

- ISERP, Institut des Services à la Personne

48, boulevard de La Tour Maubourg, 75007 Paris
Tél. : 01 53 85 41 20 - www.iserp.fr

- ONISEP, Office National d'Information Sur les Enseignements et les Professions
  Organisation des services

12, mail Barthélemy-Thimonnier,
77437 Marne-La-Vallée Cedex 2
Tél. : 01 64 80 35 00 - www.onisep.fr

Annexes

Références juridiques

- Titre 1er sur le développement des services à la personne de la loi n° 2005-841 du 26 juillet 2005 (dite « loi Borloo »).
- Décret n° 2005-1281 du 14 octobre 2005 relatif à l'Agence Nationale des Services à la Personne.
- Décret n° 2005-1360 du 3 novembre 2005 relatif aux acteurs et fonctionnement du Cesu.
- Décret n° 2005-1384 du 7 novembre 2005 relatif à l'agrément des associations et des entreprises de services à la personne et modifiant le Code du travail.
- Arrêté du 24 novembre 2005 fixant le cahier des charges relatif à l'agrément qualité prévu au premier alinéa de l'article L. 129-1 du Code du travail.
- Décret n° 2008-244 du 7 mars 2008 fixant la liste des activités mentionnées à l'article L. 129-1 du Code du travail.
- Décret n° 2006-25 du 9 janvier 2006.
- Circulaire ANSP n° 2005-2 du 11 janvier 2006 précisant la liste des activités soumises à agrément et clarifiant la procédure d'agrément.

Le régime d'auto-entrepreneur

Cadre juridique	Le choix du régime d'auto-entrepreneur ne peut se faire que dans le cadre juridique de l'entreprise individuelle.
Conditions de création	Les démarches d'inscription ou de radiation sont simples et rapides. La déclaration d'activité pour obtenir un numéro SIREN est à faire dans les CFE ou *via* Internet sur le site www.lautoentrepreneur.fr. Vous disposez d'une dispense d'immatriculation au RCS ou au registre des métiers.
Conditions de chiffre d'affaires	Le choix de ce régime n'est possible que pour les entreprises ne dépassant pas un certain seuil de chiffres d'affaires. Pour les entreprises de SAP qui relèvent de la catégorie des BIC ou des BNC, ce seuil a été fixé à 32 000 euros HT. Ce seuil sera réévalué chaque année à partir de 2010.
Cadre social	C'est le régime micro-social qui s'applique à l'auto-entrepreneur. L'option pour ce régime doit se faire auprès du RSI au plus tard le dernier jour du mois qui suit la création de l'entreprise ou à la date limite du 31 décembre pour en bénéficier l'année suivante. Le statut prévoit un prélèvement libératoire au choix mensuel ou trimestriel dont le montant est calculé sur le chiffre d'affaires et qui est de : - 21,3 % pour les entreprises ayant une activité de prestations de services ; - 18,3 % pour les prestations de services des professionnels libéraux qui relèvent de la CIPAV.
Cadre fiscal	Pour les bénéfices de votre entreprise, l'administration fiscale appliquera un abattement forfaitaire représentatif de vos charges sociales de 50 % si vous exercez une activité de prestations de services qui relève du régime des BIC. Les personnes ayant opté pour le régime microsocial et sous conditions de ressources (les revenus du foyer fiscal ne doivent pas dépasser le seuil de 25 195 € pour une personne seule, 50 390 € pour un couple et 75 585 € pour un couple avec 2 enfants) peuvent accéder au régime micro-fiscal qui prévoit le versement mensuel ou trimestriel libératoire de l'impôt sur le revenu calculé sur le chiffre d'affaires réalisé et d'un taux de : - 1,7 % pour les entreprises de prestations de services commerciales ou artisanales ;

Cadre fiscal	- 2,2 % pour les autres prestations de services imposables dans la catégorie des BNC relevant de la CIPAV. Concernant la TVA, l'auto-entrepreneur bénéficie de droit d'une franchise de TVA. Celle-ci permet de ne pas facturer de TVA aux clients. En contrepartie, cela empêche de récupérer la TVA sur les achats et les investissements de l'entreprise. L'auto-entrepreneur est exonéré de la taxe professionnelle l'année de création de son entreprise et les deux années suivantes s'il a opté pour le prélèvement obligatoire sur l'impôt sur le revenu.
Environnement professionnel de l'auto-entrepreneur	Bien que ce ne soit pas obligatoire, il est conseillé de souscrire à une assurance-responsabilité civile professionnelle, d'autant que les primes versées sont le plus souvent considérées comme des charges déductibles. Il est de bonne gestion d'ouvrir un compte bancaire propre à son activité professionnelle. En matière de financement, l'auto-entrepreneur peut solliciter un crédit auprès de l'ADIE pour un montant maximum de 10 000 €.

Les trois régimes fiscaux d'imposition des bénéfices et de la TVA

	Chiffre d'affaires annuel hors taxes (BIC)		
	Inférieur à 32 000 € pour les prestations de services (1) (2)	**Compris entre 32 000 € et 230 000 € pour les prestations de services**	**Supérieur à 230 000 € pour les prestations de services**
IR (entreprise individuelle)	**Régime de la micro-entreprise (3) et franchise en base de TVA** *Options possibles* : réel simplifié ou réel normal (bénéfice). Cette option est valable 2 ans tant que l'entreprise reste de manière continue dans le champ d'application du régime micro ; elle ne prive pas de la possibilité de bénéficier de la franchise de TVA. *Paiement de la TVA* : option valable pour l'année en cours et l'année suivante. Elle place de plein droit le redevable sous le réel simplifié (bénéfice et TVA).	**Régime du réel simplifié (bénéfice et TVA)** *Options possibles* : réel normal (bénéfice et TVA) ou mini-réel (TVA uniquement). Cette option est valable pour l'année au cours de laquelle elle est exercée et pour l'année suivante, irrévocable pendant cette période. Elle est reconduite tacitement par période de 2 ans, sauf si, avant le 1er février qui suit chacune des périodes, l'entreprise informe par écrit le centre des impôts.	**Régime du réel normal**

(1). Les entreprises dont le chiffre d'affaires dépasse pour la première fois la limite de 32 000 € (prestations de services), sans excéder 34 000 €, continuent à bénéficier du régime de la micro-entreprise et de la franchise en base au titre de l'année de dépassement.

(2) En cas de création d'entreprise en cours d'année, le chiffre d'affaires doit être ajusté au prorata du temps d'exploitation au cours de l'année civile.

(3) Attention, certaines activités sont exclues du régime de la micro-entreprise : promotion immobilière, marchands de biens, location de matériel, etc.

	Chiffre d'affaires annuel hors taxes (BIC)		
	Inférieur à 32 000 € pour les prestations de services (1) (2)	**Compris entre 32 000 € et 230 000 € pour les prestations de services**	**Supérieur à 230 000 € pour les prestations de services**
IR (EURL, SNC, SARL de famille) **IS** (EURL, SARL ou SAS)	**Régime du réel simplifié (bénéfice) et franchise en base de TVA** *Options possibles* : réel normal (bénéfice) *Paiement de la TVA* : régime réel simplifié ou réel normal. Option valable pour l'année en cours et l'année suivante, reconduite tacitement pour une période de 2 ans.	**Régime du réel simplifié (bénéfice et TVA)** *Options possibles* : réel normal ou mini-réel	**Régime du réel normal**

(1). Les entreprises dont le chiffre d'affaires dépasse pour la première fois la limite de 32 000 € (prestations de services), sans excéder 34 000 €, continuent à bénéficier du régime de la micro-entreprise et de la franchise en base au titre de l'année de dépassement.

(2) En cas de création d'entreprise en cours d'année, le chiffre d'affaires doit être ajusté au prorata du temps d'exploitation au cours de l'année civile.

(3) Attention, certaines activités sont exclues du régime de la micro-entreprise : promotion immobilière, marchands de biens, location de matériel, etc.

Les différents régimes sociaux

	Régime des salariés (TS) (gérant minoritaire ou égalitaire de SARL, président de SAS)	**Régime des non-salariés (TNS)** (toutes les autres catégories de dirigeants)
Affiliations obligatoires	**Assurance-maladie/maternité, allocations familiales, accidents du travail, vieillesse (de base)** : affiliation et paiement des cotisations patronales et salariales par la société auprès de l'Urssaf. **Retraite complémentaire** : affiliation auprès d'une caisse de retraite de cadres (AGIRC).	**Assurance-maladie/maternité** : affiliation auprè du régime social des indépendants (RSI), qui encaissera les cotisations et payera les prestations. **Allocations familiales** : affiliation auprès de l'Urssaf. **Retraite-invalidité-décès** : affiliation auprès d'une caisse d'assurance-vieillesse relevant du RSI.
Assurances chômage	**Pôle Emploi** : exceptionnellement et uniquement sur la partie de leur rémunération correspondant à un contrat de travail technique, distinct du mandat social (et sous réserve de la reconnaissance de ce contrat de travail par Pôle Emploi). Possibilité de prendre une assurance facultative.	Pas de régime obligatoire. Possibilité de s'assurer dans le cadre d'un contrat d'assurances groupe auprès de : - la GSC (Garantie Sociale des Chefs et dirigeants d'entreprise, 42, avenue de la Grande Armée, 75017 Paris, tél. : 01 45 72 63 10) ; - l'APPI (Association pour la Protection des Patrons Indépendants, 25, boulevard de Courcelles, 75008 Paris, tél. : 01 45 63 92 02) ; - APRIL Assurances (27, rue Maurice-Flandin, BP 3261, 69403 Lyon Cedex 03, tél. : 08 91 46 90 00).
Couverture sociale	**Hospitalisation** : 80 %	**Hospitalisation** : 80 %
	Gros risques : remboursement total.	**Gros risques** : remboursement total.

Couverture sociale	**Petits risques** : 70 - 65 - 60 - 35 % Indemnités journalières maladie/ maternité plafonnées	**Petits risques** : 70 - 65 - 60 - 35 % Indemnités journalières en cas d'hospitalisation, maladie ou accident (pour les commerçants et les artisans uniquement). Allocation de repos et indemnité journalière forfaitaire en cas de maternité.
	Accidents du travail : prise en charge totale + indemnités plus élevées.	**Accidents du travail** : pas d'assurance.
	Retraite : retraite complémentaire de cadre (si rémunération au plafond).	**Retraite** : retraite de base et retraite complémentaire obligatoire.
	Allocations familiales : droits acquis.	**Allocations familiales** : droits acquis.
Assiette des cotisations	Selon les risques, l'assiette de calcul des cotisations correspond : - à la rémunération versée au dirigeant ; - ou à une partie de cette rémunération (tranche A : 0 à 2 859 € par mois ; tranche B : 2 859 à 11 436 € par mois ; tranche C : 11 436 à 22 872 € par mois). Pour la CSG et la CRDS, l'assiette correspond à 8 % sur 97 % de la rémunération.	**L'assiette de calcul des cotisations** correspond au revenu professionnel imposable avant application : - de la majoration de 25 % appliquée sur le revenu professionnel en cas de non-adhésion à un centre de gestion ou à une association agréée ; - des allégements fiscaux éventuels ; - de la déduction des cotisations sociales facultatives. Pour les entrepreneurs individuels soumis au régime fiscal de la micro-entreprise, l'assiette correspond aux revenus déduction faite de l'abattement forfaitaire représentatif de frais. Pour la CSG et la CRDS, toutes les cotisations sociales (obligatoires et facultatives) doivent être réintégrées.

Assiette des cotisations		*Précision : les dividendes ne sont pas soumis à cotisations sociales (à l'exception de la CSG, de la CRDS, d'un prélèvement social de 2 %, d'une contribution additionnelle au prélèvement social de 0,3 % et d'une contribution finançant le revenu de solidarité active de 1,1 %).* Pour la CSG et la CRDS, 8 % sur le revenu professionnel imposable (toutes les cotisations sociales obligatoires et facultatives doivent être réintégrées).
Assiette minimale	Pas d'assiette minimale.	**Maladie-maternité** : 40 % du plafond de la Sécurité sociale (SS). Cette assiette minimale n'est pas applicable en cas de pluralité d'activités lorsque l'activité non salariée n'est pas l'activité principale. **Allocations familiales** : pas d'assiette minimale. **Retraite de base et complémentaire** : 200 fois le Smic horaire. **Invalidité-décès** : 800 fois le Smic horaire (commerçants et artisans).
Cotisations sociales (règles applicables en début d'activité)	Les cotisations sont dues à compter du versement d'une rémunération.	Les cotisations sont dues à compter : - de la date de début d'activité pour l'assurance-maladie/maternité, pour les allocations familiales quelle que soit l'activité et pour l'assurance-vieillesse des artisans et commerçants ; - du premier jour du trimestre suivant le début de l'activité pour l'assurance-vieillesse des professions libérales.

	1re année d'activité	
Cotisations sociales (règles applicables en début d'activité)	Cotisations calculées proportionnellement à la rémunération allouée.	En l'absence de revenus professionnels de référence, les cotisations provisionnelles sont calculées sur une assiette forfaitaire correspondant à 18 fois la base mensuelle de calcul des prestations familiales. Montant global annuel des cotisations provisionnelles : - régime commerçant : environ 3 066 € ; - régime artisan : environ 3 650 €. Aucun appel de cotisations ne peut être fait avant un délai de 3 mois. **Différé de paiement et échelonnement des cotisations sociales de la première année d'activité** L'entrepreneur peut demander de ne pas verser de cotisations sociales provisionnelles ou définitives pendant les 12 premiers mois suivant le début de son activité. Il peut également demander un paiement échelonné des cotisations définitives dues au titre de ces 12 premiers mois, sur une période maximale de 5 ans, à hauteur de 20 % au minimum par an. **Activités occasionnelles** L'entrepreneur peut demander de ne payer la cotisation minimale d'assurance-maladie qu'au prorata du nombre réel de jours d'activité s'il exerce une activité occasionnelle ne dépassant pas 90 jours par an. La cotisation annuelle ne peut cependant être inférieure à 1/12e de la cotisation minimale.

Cotisations sociales (règles applicables en début d'activité)		**Calcul sur un revenu estimé** Tout travailleur indépendant (commerçant, artisan, profession libérale) peut demander le calcul de ses cotisations provisionnelles sur la base du revenu qu'il estime réaliser au cours de l'année. Si le revenu définitif est supérieur de plus d'un tiers du revenu estimé, une majoration de retard égale à 10 % de l'insuffisance des acomptes provisionnels est due. **Régime micro-social** Les micro-entrepreneurs peuvent demander le calcul mensuel ou trimestriel de leurs cotisations et contributions sociales sur la base du chiffre d'affaires réellement réalisé au cours du mois ou du trimestre précédent.
	2e année d'activité	
	Cotisations calculées proportionnellement à la rémunération allouée.	Les cotisations provisionnelles sont calculées sur une assiette forfaitaire correspondant à 27 fois la base mensuelle de calcul des prestations familiales. Montant global annuel des cotisations provisionnelles : - régime commerçant : environ 4 648 € ; - régime artisan : environ 5 358 €. Les cotisations dues au titre de la 1re année sont régularisées au second semestre, une fois les revenus professionnels de la 1re année connus (à l'exception de certaines cotisations selon l'activité exercée).
	3e année d'activité	
	Cotisations calculées proportionnellement à la rémunération allouée.	Les cotisations provisionnelles sont calculées en fonction des revenus de l'année *N* - 2.

Cotisations sociales (règles applicables en début d'activité)		Au cours du second semestre, sont régularisées les cotisations dues au titre de la deuxième année pour la maladie, les allocations familiales, la CSG et la CRDS, ainsi que les cotisations dues au titre de la première année pour la retraite et l'invalidité-décès (à l'exception de certaines cotisations selon l'activité exercée).
Exonérations	Pour certains bénéficiaires de l'Accre, exonération pendant un an (ou plus dans certains cas) des cotisations de SS (patronales et salariales) : - maladie-maternité, veuvage ; - allocations familiales ; - accidents du travail ; - retraite de base. Exonération de charges sociales (patronales et salariales) pendant 1 an au bénéfice des salariés créateurs remplissant certaines conditions.	Pour certains bénéficiaires de l'Accre, exonération de charges sociales pendant un an ou plus dans certains cas (hors retraite complémentaire, CSG et CRDS notamment) Exonération de charges sociales pendant 1 an au bénéfice des salariés créateurs remplissant certaines conditions. Allocations familiales : exonération lorsque les revenus professionnels sont inférieurs à 4 414 € par an.
Taux	Part patronale + salariale (régime des cadres d'entreprises de moins de 10 salariés).	
	CSG-CRDS : 8 % sur la totalité du salaire.	**CSG-CRDS** : 8 % sur la totalité du revenu professionnel.
	Maladie-maternité : 13,55 % sur la totalité du salaire.	**Maladie-maternité** : 6,5 %, dont 0,60 % dans la limite du plafond de la SS et 5,90 % dans la limite de cinq fois le plafond. **Indemnités journalières** : 0,70 %, dans la limite de cinq fois le plafond de la SS (artisans et commerçants uniquement).
	Allocations familiales : 5,4 % sur la totalité du salaire.	**Allocations familiales** : 5,5 % sur la totalité du revenu professionnel.

Taux	**Formation professionnelle** : 0,55 % sur la totalité du salaire.	**Formation professionnelle** : 0,15 % (ou 0,29 % pour les artisans) du plafond annuel de la SS (année *N* - 1).
	Assurance-vieillesse de base : - 14,95 % sur la tranche A ; - 1,7 % sur la totalité du salaire.	**Assurance-vieillesse de base** : Commerçants et artisans : 16,65 %, dans la limite du plafond de la SS. **Assurance-vieillesse complémentaire** : - Commerçants : 6,5 % dans la limite de 3 fois le plafond SS - Artisans : 7,1 % sur la fraction des revenus inférieure à 33 775 € et 7,5 % pour la tranche de revenus comprise entre 33 776 et 137 332 €.
	Retraite des cadres : - 7,5 % sur la tranche A ; - 20,3 % sur les tranches B et C. + Contribution de 0,35 % sur tranches A, B, C.	
	AGFF (Association pour la Gestion du Fonds de Financement de l'Agirc et de l'Arrco) : - 2 % sur la tranche A ; - 2,20 % sur la tranche B.	
	Prévoyance : 1,5 % sur la tranche A.	**Prévoyance** : - commerçants : invalidité 1,2 % et décès 0,1 % ; - artisans : 1,8 %, dans la limite du plafond de la SS.
	Accidents du travail : variable selon le risque de l'entreprise.	
	Aide au logement : 0,10 %, dans la limite du plafond de la SS.	
	Apec : - 0,06 % sur tranche B ; - versement forfaitaire annuel de 20,58 €.	

Index

Composé par Sandrine Rénier

FSC
Sources mixtes
Groupe de produits issu de forêts
bien gérées, de sources contrôlées
et de bois ou fibres recyclés
Cert no. BV-COC-856319
www.fsc.org
© 1996 Forest Stewardship Council

Achevé d'imprimer : Jouve, Mayenne
N° d'éditeur : 3967
N° d'imprimeur : 496058T
Dépôt légal : novembre 2009
Imprimé en France